民族文化技能传承系列教材

酉阳地域文化资源与生态旅游概论

主 编

魏　露　冉俊江　秦忠信

中国财经出版传媒集团
中国财政经济出版社

图书在版编目（CIP）数据

酉阳地域文化资源与生态旅游概论/魏露，冉俊江，秦忠信主编．－－北京：中国财政经济出版社，2022.2
民族文化技能传承系列教材
ISBN 978-7-5223-0901-9

Ⅰ.①酉… Ⅱ.①魏…②冉…③秦… Ⅲ.①文化产业-产业发展-酉阳土家族苗族自治县②生态旅游-旅游业发展-酉阳土家族苗族自治县 Ⅳ.①G124②F590.75

中国版本图书馆CIP数据核字（2021）第224460号

责任编辑：蔡　宾　　　　　　责任校对：徐艳丽
封面设计：陈宇琰

酉阳地域文化资源与生态旅游概论
YOUYANG DIYU WENHUA ZIYUAN YU SHENGTAI LÜYOU GAILUN
中国财政经济出版社 出版
URL：http://www.cfeph.cn
E-mail：cfeph@cfemg.cn
（版权所有　翻印必究）
社址：北京市海淀区阜成路甲28号　邮政编码：100142
营销中心电话：010-88191522　编辑部门电话：010-88190666
天猫网店：中国财政经济出版社旗舰店
网址：https://zgczjjcbs.tmall.com
北京中兴印刷有限公司印刷　各地新华书店经销
成品尺寸：185mm×260mm　16开　10.25印张　194 000字
2022年2月第1版　2022年2月北京第1次印刷
定价：30.00元
ISBN 978-7-5223-0901-9
（图书出现印装问题，本社负责调换，电话：010-88190548）
本社质量投诉电话：010-88190744
打击盗版举报热线：010-88191661　QQ：2242791300

前言

  为全面落实国务院《国家职业教育改革实施方案》(国发〔2019〕4号),贯彻执行教育部等九部门关于《职业教育提质培优行动计划(2020—2023年)》(教职成〔2020〕7号)文件精神,实施职业教育"三教"改革攻坚行动,加强职业教育教材改革,建设国家规划教材领域以外的反映地方区域特色的校本专业教材。结合学校市级高水平中职学校项目建设内容,根据高水平民俗生态旅游专业群人才培养要求,组织编写了《酉阳地域文化资源与生态旅游概论》教材。

  地域文化是指特定区域源远流长、独具特色、仍发挥作用的文化传统,是特定区域的生态、民俗、传统、习惯等文明表现。生态旅游是指在一定自然地域中进行的有责任的旅游行为,为了享受和欣赏历史的和现存的自然文化景观,这种行为应该在不干扰自然地域、保护生态环境、降低旅游的负面影响和为当地人口提供有益的社会和经济活动的情况下进行。地域文化是生态旅游的灵魂,生态旅游是地域文化的载体。将二者有机融合,用文化产业的发展来助推旅游产业的大发展、大繁荣。

  《酉阳地域文化资源与生态旅游概论》是民俗生态旅游专业群的选修课程,是《景点讲解》内容延伸和补充。本书分为上下两篇,上篇侧重介绍酉阳地域文化,共有七章,主要内容包括:酉阳的基本概况与历史沿革;酉阳的民族文化(土家族文化、苗族文化);酉阳的土司文化;酉阳的革命文化;酉阳的江河文化(乌江文化、酉水河文化);酉阳的饮食文化;酉阳的非物质文化遗产。下篇侧重介绍酉阳生态旅游资源,共有三章,主要内容包括:酉阳桃花源景区;龚滩古镇;河湾山寨。

本教材是在民俗生态旅游专业群岗位能力需求调研的基础上，由专业教师结合酉阳厚重的地域文化和乡村旅游实际编写而成。旨在引导学生了解酉阳的人文、历史及旅游文化资源，审视酉阳各种旅游文化资源的价值，认识地域文化的意义。感受多姿多彩的地域文化特色，理解地域文化所蕴含的精神和气质，促使学生培养爱国家、爱民族、爱家乡的高尚情操。提升文化品位，提高审美能力，懂得如何做人，如何做事，如何思维，不断塑造自我，调整自我，提高自我。将酉阳地域人文的精髓——勤劳和智慧，内化为学生的职业精神。

本教材由魏露、冉俊江、秦忠信担任主编；艾雪飞、刘婷担任副主编；李青、齐娜、张恋担任参编。各章节分工如下：魏露编写上篇第一章、第二章、第三章；下篇第一、第二、第三章。刘婷编写上篇第四章、第五章；艾雪飞编写上篇第六章、第七章；冉俊江负责教材编写调研统筹安排、编写前言及文字校对等工作；魏露负责统稿，秦忠信负责教材编写调研统筹协调及审稿。李青、齐娜、张恋负责收集资料图片等。

本教材主要供民俗生态旅游专业群二、三年级学生学习使用，也可供导游培训使用。

由于编者水平有限，本书难免有不妥之处，恳请广大读者批评指正。

编者

2021年10月

上篇

◎ **第一章　酉阳的基本概况与历史沿革**　　1
　　第一节　酉阳的基本概况　　2
　　第二节　酉阳的历史沿革　　10

◎ **第二章　酉阳的民族文化**　　15
　　第一节　酉阳的土家族文化　　16
　　第二节　酉阳的苗族文化　　29

◎ **第三章　酉阳的土司文化**　　41

◎ **第四章　酉阳的革命文化**　　49

◎ **第五章　酉阳的江河文化**　　59
　　第一节　酉阳乌江文化　　60
　　第二节　酉水河文化　　64

◎ **第六章　酉阳的饮食文化**　　69
　　第一节　酉阳饮食文化概况　　70

第二节　酉阳美食——特色菜肴　　71
第三节　土家美食——小吃篇　　77

◎ 第七章　酉阳非物质文化遗产　　84

第一节　民间舞蹈　　85
第二节　酉阳民歌　　88
第三节　酉阳古歌和戏曲　　90

下篇

◎ 第八章　酉阳桃花源　　92

第一节　世外桃源　　93
第二节　太古洞　　105
第三节　酉州古城　　111
第四节　桃花源国家森林公园　　113
第五节　桃花源广场　　116

◎ 第九章　龚滩古镇　　120

第一节　龚滩简介　　121
第二节　历史　　124
第三节　景点介绍　　125

◎ 第十章　河湾山寨　　143

第一节　区位及自然条件　　144
第二节　历史沿革　　146
第三节　古寨自然景观　　147
第四节　古寨人文景观　　150

◎ 参考文献　　156

第一章

酉阳的基本概况与历史沿革

学习目标

知识目标:

1. 了解酉阳的行政区划、地理环境、自然资源、人口民族、交通状况等基本情况。

2. 熟悉酉阳的风景名胜、历史沿革。

技能目标:

1. 能够对酉阳的基本概况与历史沿革进行介绍。

2. 能够分析酉阳的自然环境、经济、社会发展、历史等对旅游业的影响与作用。

职业素养目标:

1. 培养学生对大自然的热爱,树立环保意识。

2. 培养学生的家国情怀。

3. 培养学生良好的职业习惯与职业道德。

> **案例导入**

晓军是刚踏入中职学校的新生，开学第一节课，老师给全班同学播放了一段"酉阳宣传片"，晓军被其中的美景深深吸引了，他决定利用暑假时间，与全家人去当地好好旅游一番。

思考：1.该宣传片里介绍的是什么地方？你对它有哪些了解呢？

2.晓军要去当地旅游，如何乘坐交通工具呢？

3.如果是你，你会从哪些方面对酉阳进行宣传呢？

第一节　酉阳的基本概况

酉阳土家族苗族自治县（简称为酉阳县）位于重庆市东南部，地处武陵山区腹地，是出渝达鄂、湘、黔的重要门户，素有"渝东南门户、湘黔咽喉"之称。境内生态环境优美，文化底蕴丰厚，民俗民风独特，旅游资源丰富，是中国土家摆手舞之乡、中国著名民歌之乡、中国土家文化发祥地、中国著名原生态旅游胜地。

一、行政区划

1997年，酉阳县面积5 173平方千米，人口68.9万，辖3镇78乡。县政府驻钟多镇。

2001年，酉阳县将81个乡镇调整为39个，其中撤销10个镇64个乡，保留7个乡，新建14个镇18个乡。调整后，乡镇平均面积扩大至132.64平方千米，乡镇平均人口增至19 000余人。

2002年，酉阳县辖14个镇、25个乡，17个居委会和727个村委会。户籍人口73.78万人，其中非农业人口6.92万人。

2004年，对麻旺镇、龙潭镇等14个乡镇的17个村进行跨乡镇调整后，酉阳县下辖2个街道、14个镇、23个乡，分别为：桃花源街道、钟多街道、龙潭镇、麻旺镇、酉酬镇、大溪镇、兴隆镇、黑水镇、丁市镇、龚滩镇、李溪镇、泔溪镇、后溪镇、苍岭镇、小河镇、板溪镇、涂市乡、铜鼓乡、可大乡、偏柏乡、五福乡、木叶乡、毛坝乡、花田乡、后坪坝乡、天馆乡、宜居乡、万木乡、两罾乡、板桥乡、官清乡、南腰界乡、车田乡、腴地乡、清泉乡、庙溪乡、浪坪乡、双泉乡、楠木乡。

2018年2月5日，根据《重庆市人民政府关于酉阳土家族苗族自治县万木乡等五个乡撤乡设镇的批复》，撤销涂市乡、铜鼓乡、万木乡、南腰界乡、五福乡，设立涂市镇、铜鼓镇、万木镇、南腰界镇、五福镇。调整后，酉阳土家族苗族自治县辖2个街道、19个镇、18个乡。

二、地理环境

（一）地理区位

酉阳县位于重庆东南部，地处东经108°18′25″~109°19′02″、北纬28°19′28″~29°24′18″之间。东邻湖南省龙山县，南与秀山县、贵州省松桃县、印江县接壤，西与贵州沿河县隔乌江相望，西北与彭水县，正北与黔江区、湖北省咸丰县、来凤县相连。幅员面积5 173平方公里，东西宽98.3公里，南北长119.7公里。

（二）气候特征

酉阳县属亚热带湿润季风气候区，全年雨量充沛，冬暖夏凉。年平均日照时数为1 131小时。年平均气温由海拔280米的沿河地区17℃递减到中山区的11.8℃。1月气温最冷为3.8℃，7月最高为24.5℃。年降雨量一般在1 000~1 500毫米。

（三）地形地貌

酉阳县属武陵山区，地势中部高，东西两侧低。北部老灰阡梁子为酉阳县的最高点，海拔1 895米；西部董家寨为最低点，海拔263米。全县地形起伏较大，地貌分为中山区，海拔800~1 895米；低山区，海拔600~800米；槽谷和平坝区，海拔263~600米。

（四）河流水系

酉阳县以毛坝盖山脉为分水岭，形成两大水系：东部的酉水河、龙潭河为沅江水系；西部的小河、阿蓬江等为乌江水系。

三、自然资源

（一）矿产资源

酉阳县探明具有开采价值的矿产资源达20余种，镁矿、铅锌矿、硫铁矿、大理石、汞矿蕴藏量丰富，其中萤石、重晶石蕴藏量达160万吨，硫铁矿储量880万吨，大理石总储量4亿立方米。

（二）生物资源

酉阳县植物有裸子植物8科17属19种，被子植物63科132属194种，竹亚科12种。

动物主要由亚热带森林农田区动物群组成，共分为四大类：兽类33种，隶属5目12科，属于二类保护动物的有毛冠鹿、云豹、胡猴、猴4种，三类保护动物有大灵猫；鸟类149种，隶属10目29科，属一类保护动物的有白鹤，二类保护动物有红腹角雉；爬行类14种，隶属4目7科；两栖类10种，其中有大鲵等珍稀野生动物。

（三）水资源

酉阳县水资源丰富，是全国水利资源百强县之一。年平均降水总量67.06亿立方米，年平均径流总量44.84亿立方米，其中地下水补给总量4.61亿立方米。水能资源理论蕴藏量43.5万千瓦，经济可开发量34.48万千瓦。

（四）世界青蒿之乡

重庆酉阳享有"世界青蒿之乡"的美誉，是世界上最主要的青蒿生产基地，也是全球青蒿素高含量的富集区，平均青蒿素含量高达8‰，全球八成的原料青蒿产于重庆酉阳。

四、人口民族

（一）人口

酉阳县是以土家族、苗族为主的少数民族自治县。

2016年年末，酉阳县公安户籍人口85.35万人，其中城镇人口27.25万人，乡村人口58.10万人。全年出生登记人口8 659人。年末常住人口55.16万人，城镇化率32.16%，比2015年提高1.25个百分点。

2019年年末，全县户籍人口85.64万人，其中城镇人口27.68万人，乡村人口57.96万人；少数民族人口79.05万人，其中土家族69.19万人，苗族9.75万人；全年出生登记人口9 589人，人口出生率11.21‰；全年死亡5 369人，死亡率6.28‰；人均预期寿命为75.4岁，人口自然增长率4.93‰。年末常住人口54.65万人，城镇化率36.51%，比上年提高1.51个百分点。

根据第七次全国人口普查结果，截至2020年11月1日零时，酉阳土家族苗族自治县常住人口607 338人。

（二）民族

酉阳土家族苗族自治县总人口86.04万人，其中少数民族17个，共79.04万人，占总人口的91.86%。其中土家族69.3万人，占总人口的80.54%，苗族9.74万人，占总人口的11.32%。除此之外，尚有回族24人，壮族171人，布依族84人，满族30人，侗族138人，白族24人，黎族53人。

五、经济状况

2020年，酉阳土家族苗族自治县实现地区生产总值201.2亿元，是2015年的1.7倍，年均增长4.6%。人均GDP提高至36 962元，是2015年的1.8倍。实现社会消费品零售总额83.9亿元，是2015年的1.8倍，年均增长12.8%。实现进出口总额3.7亿美元，是2015年的1.3倍。累计完成固定资产投资532亿元，年均增长9.2%。全体居民人均可支配收入达到18 374元，是2015年的1.6倍，年均增长10.5%。存款余额261.3亿元，比2015年增长56.8%，年均增长9.4%。

（一）农业经济

2019年，全县农作物总播种面积14.03万公顷，粮食作物播种面积8.24万公顷，油料播种面积5.79万公顷，烟叶播种面积0.5万公顷，蔬菜播种面积2.0万公顷，全年实现粮食产量36.77万吨，油料产量3.30万吨，烟叶产量1.08万吨，蔬菜产量43.39万吨，茶叶产量0.2万吨，水果产量5.94万吨，肉类总产量6.47万吨，实现农林牧渔业总产值57.03亿元，比上年增长18.4%。其中：农业总产值29.99亿元，比上年增长9.0%；林业总产值5.59亿元，比上年增长11.8%；牧业总产值20.22亿元，比上年增长39.1%；渔业总产值0.58亿元，比上年增长5.7%；农林牧渔服务业产值0.65亿元，比上年增长11.4%。

（二）工业生产

2019年，实现全部工业总产值28.15亿元。规模以上工业企业25家，其中大型企业2家、中型企业2家、小型企业21家。全年实现规模以上工业总产值16.15亿元，比上年下降63.8%。规模以上工业销售产值16.66亿元，比上年下降62.5%；主营业务收入17.36亿元，比上年下降61.0%；企业亏损总额0.29亿元。

2019全年规模以上工业企业主要产品产量：服装402万件，比上年增长12.9%；饲料0.81万吨，比上年增长17.0%；水泥82.90万吨，同比增长14.9%；饮料0.07万吨，比上年下降20.4%；商品混凝土23.57万立方米，比上年增长43.9%；精制食用植物油0.18万吨，同比下降30.0%；有色金属锌0.57万吨，比上年下降48.0%；化学药品原药145吨，比上年增长281.6%；自来水生产量1 202万立方米，比上年增长5.4%。

（三）旅游业

2019年，深化旅游行业领域"放管服"改革；坚持"扎根目标市场，培育自驾自助游"的策略，不断拓展营销渠道；围绕县城1小时车程为半径，重点实施打造了内口村、红花村、山羊村等15个乡村旅游重点示范点。"桃源人家"民宿品牌创建138户，全力挖掘"桃花源"文化，提升"桃花源"品质，打造"桃花源"品牌，让"桃花源"旅游品牌"行千里"。有星级酒店2家，星级酒店客房186间；全年共接待游客1 760.1万人次，比上年增长20.4%，其中：过夜游客172.89万人次，同比增长6.83%；境外游客16万人次，同比增长13.72%；实现旅游综合收入81.6亿元，比上年增长23.0%。

六、交通状况

酉阳县区位条件优越，渝怀铁路纵贯县境，渝湘高速公路3小时可达重庆市区。国道319线纵贯全境，出境干道与湖南龙山、湖北来凤、贵州沿河、重庆彭水相通。乌江航道直通长江水道。

2019年年末全县公路通车里程5 934公里，比上年增长22.7%，其中等级公路5 271公里，比上年增长21.2%；本年新建和改造乡村公路1 098公里，同比下降42.0%；全县公路乡村通畅率100%。年末登记管理营运汽车保有量5 030辆，其中营运客车保有量712辆，比上年增长2.9%；货运车辆保有量3 730辆；公交车保有量97辆；出租汽车保有量133辆。

（一）公路

包茂高速公路（渝湘高速公路G65）纵贯渝、湘、黔；国道G319线（厦成线）、国道G326线（秀山—云南河口）纵贯全境。

（二）铁路

酉阳火车站为县级枢纽站，西距重庆北站352公里，南距湖南怀化站240公里。

主要办理旅客乘降，行李、包裹托运。办理整车货物发到（不办理整车爆炸品及整车一级氧化剂发到）。

（三）水运

酉阳县乌江航道可直通长江水道。酉阳县主要通航河流为乌江、阿蓬江、酉水河等三条河流，可通航里程178.5公里，监管里程117.5公里。

七、风景名胜

（一）桃花源景区

桃花源为国家AAAAA级景区，总面积50平方公里，由世外桃源、太古洞、桃花源广场、桃花源国家森林公园、酉州古城、二酉山等几大部分组成，毗邻长江三峡、张家界、凤凰古城、梵净山等景区。桃花源景区是一个集秦晋历史文化、土家民俗文化、自然生态文化、天坑溶洞地质奇观于一体的复合型景区。

（二）龚滩古镇

龚滩古镇是中国历史文化名镇、国家AAAA级旅游景区，位于酉阳县西部。主要景点有乌江百里画廊、阿蓬江峡谷等。

龚滩古镇坐落于乌江与阿蓬江交汇处的乌江东岸，是一座具有1 700多年历史的古镇。古镇存长约三公里的石板街、150余堵别具一格的封火墙、200多个古朴幽静的四合院、50多座形态各异的吊脚楼，极具地方特色，是国内保存完好且颇具规模的明清建筑群。

（三）龙潭古镇

龙潭古镇是中国历史文化名镇、国家AAAA级旅游景区，位于酉阳县东南部。主要景点有龙潭古镇、全国红色经典景区赵世炎烈士故居等近30个重点文物保护单位。

龙潭古镇里存1.4平方公里明清建筑群，石板街光可鉴人、青幽如玉，150多座土家吊脚楼、280多个四合院、500余栋古民居古朴幽静，翘角飞檐，形态美观。

（四）酉水河景区

酉水河景区位于酉阳县酉水河镇，有"土家古镇""十里长潭""河湾山寨""三嵋奇观""大江竹海"等景观。

2013年，酉水河景区以优美的自然山水风光、浓郁的民族风情，被授予"中国最具魅力乡村旅游目的地"殊荣。

▶ 知识链接

酉阳是一片古老而神奇的土地，有着悠久而灿烂的民族文化。

（一）南方盐丹之路

《山海经·大荒南经》云："有载民之国，帝舜生无淫，降载处，是谓巫载民。巫载民盼姓，食谷，不绩不经，服也；不稼不穑，食也。爰有歌舞之鸟，鸾鸟自歌，凤鸟自舞。爰有百兽，相群爰处。百谷所聚。"翻译为白话文，说的是有个国家叫载民国。无淫是帝舜的后裔，他被贬后住在栽，他的后裔就是所谓的巫栽民。巫栽民都姓盼，以各种农作物为食，不从事纺织，自然有衣服穿；不从事耕种，自然有粮食吃。这里有能歌善舞的鸟，鸾鸟自由自在地歌唱，凤鸟自由自在地舞蹈。这里又有各种各样的野兽，它们群居在这里。这里是各种农作物汇聚的地方。史学家认为，巫载国就是后来的巴国。古代巴国的武陵山区盛产丹砂（发掘开采于7 000年前左右）、盐巴、硝石等物资，如此众多的丹砂和盐巴使巴国强大起来。"南方盐丹之路"起源于长江武陵酉水一带，连通巴蜀、湘楚、云贵、江浙等地，极大地丰富了全国的商贸物流。它虽藏于崇山峻岭之中，却是南方重要的经济命脉和文化传播路线，也是一条军事要道。当年秦始皇的十万大军也经此道而灭巴楚。而巴寡妇清也曾承酉阳丹砂特权，富可敌国，捐资协助秦始皇统一中国、修筑长城，甚至秦始皇陵地宫中流动的上百吨水银绝大部分也产自酉阳。

（二）丹砂产地

丹砂产区主要在巴国境内。在酉阳县银岭乡和江丰乡，历代先人开采而留下的丹砂矿洞足有数万之多，至今仍旧在开采。云雾缭绕，远山含黛，立足于丹砂矿山前，放眼虚无缥缈间，这样的美景与道家修炼成仙的意境不谋而合。

（三）川盐古道

史书记为官盐大道，是一条源于重庆东部，对川鄂湘黔交汇地区产生巨大影响力，贯穿整个中国腹地的经济动脉和极具特色的文化线路。现存的老盐路仅有酉阳丁市镇厂坝村峒溪垭的山腰上这一段。拾级而上，路幅宽的有2~3米，窄的只有50厘米左右。当时的背夫背着数百斤的盐巴成群结队地从龚滩镇出发、经金鱼穴（两罾乡）、朝天馆（天馆乡）、丁家湾（丁市）、桥岩垭口、三岔坝（铜西乡）、隘门关、铜鼓潭（铜鼓乡）、石垭子（板溪乡）、山黛沟到龙潭镇，两天两夜的脚程，年复一年地跋涉。白天可听到独特的背夫号子，夜晚则能看到点点灯火摇曳。背佬二背着沉重的货物休息很不方便，于是就用一根木棒从后面支撑在地上架住货物，如此便可以停下来休息。休息也不用卸掉货物，久而久之木棍就在石板上面磨出一个个凹眼来。今天古道的青石板路上还保留着一个个这样的杵眼，历经百年风雨，依然清晰可见。千百年来背佬二的双肩支撑起了由龚滩到龙潭这段经济走廊，也正是他们书写了"钱龚滩""货龙潭"的传奇。

做一做

以小组的形式，试从自然环境、经济、社会等方面对你的家乡进行介绍。

第二节 酉阳的历史沿革

酉阳之名始见于《汉书·地理志》，因位于酉水之阳，故名酉阳。酉阳历史悠久，据史料考证，建县制2000多年，曾是800年州府所在地。

一、建州（县）前隶属

商周时期，酉阳属蛮夷之地。

春秋战国时期，酉阳属楚。

秦统一后推行郡县制，酉阳属黔中郡。

汉高祖五年（公元前202年）改黔中郡置武陵郡，于武陵郡境（今永顺王村）置酉阳县，今县境属武陵郡酉阳县地的一部分。王莽改武陵郡为建平郡，东汉复更为武陵郡，其属地依旧。东汉献帝建安十九年（214年）刘备与孙权联合分荆州，红夏、长沙、桂阳以东属吴，南郡、零陵、武陵以西属蜀，其时县境属蜀地。

三国时，昭烈帝章武元年（221年）于汉酉阳县境西部酉水北岸设阳县，今县境界东部属吴武陵郡阳县地。222年，东吴派潘璋攻占武陵，界东属吴荆州武陵郡黚阳县地，西部属蜀益州涪陵郡丹兴县地。

西晋统一全国，县境界东属武陵郡黚阳县地，以西属涪陵郡汉葭县地。

东晋南北朝时期，南朝梁改黚阳为大乡，西北属巴郡奉州地。

隋开皇九年（589年）废酉阳名，十九年（599年）于今酉阳县万木乡柜木村（诚子头）置务川县。唐武德四年（621年）改务川为务州。贞观四年（630年）又改务州为思州，以境内思邛水而名。天宝元年改为思州宁夷郡。乾元元年（758年）复为思州。

五代时，中原无主，今酉阳县地为土家族大姓冉氏割据，并世袭其地。

二、建州（县）后沿革

宋建炎三年（1129年），今县境苗民金魁于马鞍城（今龚滩镇地）起兵，宋延命思州田佑恭和酉阳寨主冉守忠助剿，因助剿有功，又"背负诸郡，旁通荆湖上下溪"，故于绍兴元年（1131年）析思州部分地与"酉阳城（寨）置酉阳羁縻州"。治所始在县南官坝，庆元二年（1196年）迁官塘衙院（今铜鼓潭），宋末迁至忠孝坝（今钟多镇）。

元朝建立，仍为酉阳州，由冉氏子孙世袭，隶四川南道宣慰司怀德府，延祐元年（1314年）升酉阳州为酉阳军民宣慰司，领溶江、芝子、平茶、佛乡洞长官司。元末，明玉珍据蜀，又改酉阳军民宣慰司为酉阳沿边溪洞军民宣慰司。

明洪武五年（1372年）四月仍置酉阳宣慰司都元帅府。洪武八年废州和川东道宣慰司怀德府，改置酉阳宣抚司，隶四川布政使司，兼领平茶、石耶、邑梅、麻兔四洞长官司。永乐十一年（1413年）改酉阳宣抚司邑梅长官司隶重庆。十六年（1418年）石耶、平茶洞长官司改隶重庆卫，麻兔洞改隶贵州铜仁府，另析石耶洞长官司置地坝洞长官司。嘉靖时废溶溪芝麻子坪洞长官司，改以地隶酉阳宣抚司。今秀山石堤、妙泉、宋龙亦划属酉阳宣抚司。天启元年（1621年），升酉阳宣抚司为酉阳宣慰司。

清初承明旧制。清顺治十五年（1658年），土官降清，仍授宣慰司原职。雍正十三年（1735年）改土归流，废酉阳宣慰司为酉阳县。隶黔彭厅，酉阳县升为直隶州，以州代县。是年，割邑梅、石耶、平茶、地坝四洞长官司和县境内晚森、南洞、九江、苗江、日旗、月旗六里暨张登胜570户新置秀山县，时酉阳州领秀山、黔江、彭水三县。酉阳州改隶四川省。

民国元年（1912年），酉阳仍为州，初隶军政府，后隶属四川军政府。民国二年（1913年），酉阳州改酉阳县，隶川东道。民国二十四年（1935年），全川划为18个行政督察区，于酉阳置第八行政督察专员公署，领酉阳、秀山、黔江、彭水、丰都、涪陵、石柱、南川、武隆9县。

三、中华人民共和国成立后沿革

1949年11月11日酉阳解放，设酉阳地委行署，辖酉阳、秀山、黔江三县。1952年撤销酉阳行署，酉阳县属涪陵地区。1983年，经国务院批准，撤销酉阳县，成立酉阳土家族苗族自治县。

1988年划为黔江地区，2000年后为重庆直辖。

▶▶ **知识链接**

猫猫山起义

在酉阳、秀山和贵州松桃三省交界的猫猫山地区，于咸丰九年爆发了声势浩大的苗汉土家人民联合武装起义，史称"猫猫山起义"。

清咸丰年间爆发太平天国运动后，清王朝风雨飘摇，为了防边远地区的少数民族作乱，加大了农民的徭役和赋税，对当地实行屯田屯兵制度，民不聊生。

贵州松桃苗族人朗官、朗宜、朗宣及堂弟朗明，好友吕名扬、酉阳陈显发等交往密切，感情深厚，在当地都有一定的影响力，而且深受百姓爱戴。为了生存，朗官、陈显发等主要领导人祭旗起义。

清咸丰九年（1859年）六月十七日，朗氏兄弟等人在猫猫山"建旗举事"短短数几日，起义军就聚集到数千人。义军所致，杀贪官、惩恶霸，大快人心。很快就占领了周边的南腰界、张家湾等地。七月，在贵州思南学府击毙36名官兵。七月十四日，义军在现在的贵州甘龙全歼松桃厅两个司，并击毙司长。秀山知县闻讯后，火速上报求援。八月，清王朝派军务总督毛震寿前来平反。经过几个月的连续作战，清军久攻不下，死伤数千人，后因叛徒出卖，最终寡不敌众，非死即伤。义军首领朗官、朗宜、陈显发、杨黑四被俘。朗官、朗宜、杨黑四在解押途中跳崖身亡，陈显发在被带回南腰界镇营后处以车裂之刑。

做一做

你对家乡的历史知道多少呢？试着以讲故事的形式与大家进行分享。

本章小结

酉阳山川秀美，物华天宝，历史悠久，人杰地灵。地处武陵山腹地的酉阳如同一颗藏在深山的璀璨明珠，等待着大家的捡拾。

思考与练习

一、单项选择题

1. 酉阳县面积为（　　）平方千米。

A.5 137　　　　B.5 173　　　　C.6 137　　　　D.6 173

2. 酉阳属于以下哪种气候类型？（　　）。

A.热带季风气候　　　　　　B.温带季风气候

C.温带大陆性气候　　　　　D.亚热带湿润气候

3. "世界青蒿之乡"位于（　　）。

A.四川绵阳　　　　　　　　B.贵州松桃

C.河南安阳　　　　　　　　D.重庆酉阳

4.酉阳县探明具有开采价值的矿产资源达（　　）余种。
A. 15　　　　　B. 18　　　　　C. 20　　　　　D. 25

5.以下属于全国红色旅游经典景区的是（　　）。
A.酉阳桃花源景区　　　　　B.龚滩古镇
C.赵世炎烈士故居　　　　　D.酉水河景区

6.酉阳羁縻州设立于哪一年？（　　）。
A.公元1131年　　　　　　B.公元1729年
C.公元1734年　　　　　　D.公元1735年

7.废酉阳宣慰司为酉阳县是在（　　）。
A.公元1131年　　　　　　B.公元1729年
C.公元1734年　　　　　　D.公元1735年

8.酉阳是何时解放的？（　　）。
A.1948年10月　　　　　　B.1948年11月
C.1949年10月　　　　　　D.1949年11月

二、判断题

1.酉阳县属武陵山区，地势中部低，东西两侧高。（　　）
2.北部老灰阡梁子为酉阳县的最低点。（　　）
3.酉阳县以毛坝盖山脉为分水岭，形成两大水系。（　　）
4.酉阳县是以土家族、回族为主的少数民族自治县。（　　）
5.2019年酉阳县全年实现全部工业总产值28.15亿元。（　　）
6.2013年，酉水河景区被授予"中国最具魅力乡村旅游目的地"殊荣。（　　）
7.商周时期，酉阳属蛮夷之地。（　　）
8.1988年后酉阳为重庆直辖。（　　）

三、简答题

1.请对酉阳的概况进行简要分析。

2.酉阳境内著名的景点有哪些？请简要介绍。

3.试着阐述酉阳的历史沿革。

拓展训练

［实训名称］酉阳简介

［实训场地］模拟导游实训室

［实训工具］3D模拟软件、电脑、投影仪、笔纸

［实训内容］模拟导游人员，对酉阳的基本概况和历史沿革进行讲解

［实训评价］实训评价表见表1-1

表1-1　　　　　　　　　　实训评价表

项目	分值	标准	自评	互评	师评	得分
仪容仪表	10	礼貌到位、精神饱满，妆容着装得体，符合导游职业规范要求				
普通话	20	普通话标准，语调自然，音量和语速适中，节奏合理				
语言表达	30	口齿清楚，语法正确，表达自然流畅；角度新颖，通俗易懂，生动幽默，富有感染力、亲和力，肢体语言得体				
内容合理	40	内容健康、完整、准确，重点突出，紧扣主题，与时俱进；结构合理，层次分明，详略得当，逻辑性强；文化内涵深厚，题材新颖				
总计	100					

第二章

酉阳的民族文化

学习目标

知识目标:

1. 了解酉阳土家族、苗族的起源及宗教信仰。

2. 熟悉酉阳土家族、苗族的民族服饰特征,传统手工技艺,特殊节庆习俗与禁忌。

3. 掌握酉阳土家族、苗族的传统建筑形式,土家族的古老戏剧,土家族的婚嫁习俗,苗族的婚嫁及丧葬习俗。

技能目标:

1. 能灵活分析和运用酉阳的少数民族文化内涵,撰写个性化的导游词。

2. 能将酉阳当地的少数民族文化融入导游讲解中,积极宣传和推广酉阳的旅游业,促进地方经济的发展。

职业素养目标:

1. 激发学生的民族自豪感和自信心,增强文化自信。

2. 培养学生的爱国主义情怀。

3. 培养学生良好的职业素养与职业道德。

> **案例导入**

西江千户苗寨是全世界最大的苗寨，位于贵州省黔东南苗族侗族自治州雷山县，有1 400多户，6 000多人。虽然拥有丰富的苗族文化遗产，但由于处在雷公山深处，人多地少，生产生活资源匮乏，交通不便，2008年以前，村民吃饭靠种地、挣钱靠打工，是一个偏远而贫穷的苗寨。2008年，第三届贵州旅游产业发展大会在西江千户苗寨召开，确定了发展原生态民族文化旅游的道路，至此西江千户苗寨开启了全新的乡村发展道路。历经十年的持续跨越发展，西江千户苗寨已经一跃成为经济繁荣、百姓富裕、环境优美、社会和谐、民族文化传承创新动力强劲的文化旅游胜地，"西江千户苗寨"的名字更是蜚声国内外。

思考：1. 西江千户苗寨旅游开放的成功案例给我们什么启示？
　　　2. 在少数民族地区该如何发展旅游？在旅游开发过程中，我们应该注意什么？

第一节　酉阳的土家族文化

一、酉阳土家族的来源

（一）人口现状

重庆市第七次人口普查数据显示，酉阳土家族苗族自治县现有户籍人口85.64万人，其中少数民族人口79.05万人，土家族占69.19万人。土家族是一个古老神奇的民族，主要分布于湘、鄂、渝、黔毗连的武陵山地区。据考证，酉阳土家族和湘西、鄂西、黔东以及渝东其他各区县的土家族是一个整体。

（二）起源说

关于土家族的起源，有"巴人说""乌蛮说""江西说"等几种说法。通过对许多出土文物和历史文献的研究考证，可以认定巴人是土家族的先民主体。巴人是个很古老的氏族，《华阳国志巴志》载："禹会诸侯于会稽，执玉帛者几国，巴蜀与焉。"巴人很早就生活在鄂西清江流域，在漫长的发展过程中，繁衍生息、世代绵延，人口逐渐增多，势力日益壮大，形成许多分支。早期川东境内建立了一个奴隶制国家——巴国。春秋时期，巴国达到鼎盛时期，与楚国不断发生争端，多次爆发战争。战国时期，巴国日益衰落，周慎靓王五年（公元前316年），秦国派张仪、司马错率兵灭掉蜀国和巴国，巴国的历史就此结束。巴国灭亡后，居住在川、渝、鄂、湘、黔边境一带的巴人，继续生存和发展下去，经过世代的生息繁衍，奋勇抗争，形成了今天的土家族。

那么巴人是如何来到酉阳的呢？据史料记载分析，有两种情况：一种是主动的。巴人早期在向四周扩展时，从南方经酉水河上溯到五溪（流经武陵山境内巫溪、沅溪、酉溪、武溪、辰溪）定居。据《华阳国志·巴志》记叙春秋末巴国的领域云："东至鱼腹（今重庆奉节县）西至赞道（今宜宾东部）北接汉中，南接黔涪"，"黔"指黔水（又名阿蓬江），"涪"指涪水（又叫涪江，即乌江），"黔""涪"指水，用它来代表一个地区，这一地区属巴国，叫作"巴黔中"。唐代的黔洲，在今彭水县。"巴黔中"所属范围还不止黔洲。现代研究者认为，"巴黔中"包括今重庆市东南部（酉、秀、黔、彭）、湖南西酉水流域、湖北西南部及贵州东北部这一大片土地，酉阳属于"巴黔中"，在春秋以前就是巴人——土家族先祖活动的地域。

还有一种是被动的。战国时期，巴国灭亡后，一部分巴人被迫迁徙到五溪流域。唐梁载言《十道志》说："楚子灭巴，巴子兄弟五人流入黔中，汉有天下，名曰酉、辰、巫、武、沅等五溪，各为一溪之长。"《四夷述》《太平寰宇记》均有相同记载。酉阳西部龚滩镇乌江对岸悬崖绝壁下有个"蛮王洞"，相传为土家族先民巴蛮沿乌江进入酉阳后的早期活动之地。酉阳东部酉水河畔的三峿山（土家族语称山为峿）相传是土家族大姓田、彭、白三姓的祖山。《酉阳州志》载："三姓子孙辨族之同异者犹以此为证焉。"酉阳县文物管理所收藏的虎纽錞于和编钟各一件均为古人之乐器，可考证，酉阳是巴人主要活动地区之一。

巴人进入酉阳以至整个五溪流域后，与狼、蜒、濮、苗、僚等民族睦邻友好而居，共同开发耕种，在长期的发展过程中，吸收并融合其他民族中的优秀文化和先进因素，共同构成了现在土家族文化。大约在宋、元以后，逐渐出现了以"土"为名的族称。"土家族"这一称谓是后来起的。明清以后有大量汉人迁入酉阳地区，为了区别族类，土家人用汉语自称"土家"，称迁入的汉人为"客家"，称其近邻苗族为"苗家"。1956年1月经国务院批准，"土家"正式成为单一民族。

二、传统民居——吊脚楼

土家族爱群居，吊脚楼是他们的传统建筑形式。吊脚楼源于古代的干栏式建筑，是渝、鄂、湘、黔等土家族聚居地区普遍使用的一种民居建筑形式，距今已有四千多年的历史。吊脚楼作为一种特殊的物质文化现象，犹如一部凝固的古歌，多层次、多侧面、多角度地反映出土家族的历史发展、文化心态和创造才能，除具有自身的实用功能外，还具有一定的审美特征。

(一) 选址及建筑风格

吊脚楼多选择在河流、塘库边，依山就势而建。方位以"左青龙，右白虎，前朱雀，后玄武"为最佳屋场。或坐西向东，或坐东朝西。吊脚楼之间多有石板小路相连。通常是几户、十几户或数十户人家聚居在一起，房屋层层叠叠，错落有致。一头立在平坝上，和侧面的厢房连接；一头吊在坎下，自成两层楼房。上层住人，下层设牲畜栏圈。上层的三方大都有栏杆、扶手、阳台，敞亮干净，既可在里面挑花绣朵，读书写字，又可接宾待朋，晾晒衣被，居住舒适，非常好看。

(二) 吊脚楼的由来

传说土家人祖先刚迁到武陵酉阳来，那时的酉阳古木参天、荆棘丛生、豺狼虎豹遍地都是。土家先人们搭起的"狗爪棚"常遭到猛兽袭击。人们为了安全就烧起树蔸子火，里面埋起竹子节，火光和爆竹声吓走了来袭击的野兽，但人们还是常常受到毒蛇、蜈蚣的威胁。后来一位土家的老人想到办法：他让小伙子们利用现成的大树作架子，捆上木材，再铺上野竹树条，再在顶上搭架子盖上顶篷，修起了大大小小的空中住房，吃饭睡觉都在上面，从此再也不怕毒蛇猛兽的袭击了，这种建造空中住房的办法后来就发展成现在的吊脚楼。

(三) 吊脚楼的修建

建造吊脚楼是土家人生活中的一件大事。第一步要备齐木料，土家人称"伐青山"，一般选椿树或紫树，椿、紫因谐音"春""子"而吉祥，意为春常在，子孙旺；第二步是加工大梁及柱料，称为"架大码"，在梁上还要画上八卦、太极图、荷花莲籽等图案；第三步叫"排扇"，即把加工好的梁柱接上榫头，排成木扇；第四步是"立屋竖柱"，主人选黄道吉日，请众乡邻帮忙，上梁前要祭梁，然后众人齐心协力将一排排木扇竖起。这时鞭炮齐鸣，左邻右舍送礼物祝贺。立屋竖柱之后便是钉椽角、盖瓦、装板壁。富裕人家还要在屋顶上装饰向天飞檐，在廊洞下雕龙画凤，装饰阳台木栏。土家人还在屋前屋后栽花种草，种植各种果树。但是，前不栽桑，后不种桃，因与"丧""逃"谐音，不吉利。

早先土司王严禁土民差瓦，只许益杉皮、茅草，叫"只许买马，不准差瓦"。一直到清代雍正十三年"改土归流"后才兴盖瓦。吊脚楼一般为横排四扇三间，三柱六骑或五柱六骑，中间为堂屋，供历代祖先神龛，是家族祭祀的核心。根据地形，土家吊脚楼分为半截吊、半边吊、双手推车两翼吊、吊钥匙头、曲尺吊、临水吊、跨峡过洞吊，富足人家雕梁画栋，檐角高翘，石级盘绕，大有空中楼阁的诗画之意境。

三、民族服饰

据《酉阳通志》载："男女垂髻短衣跣脚，以布勒额，喜斑蓝服色"。在"改土归流"前，土家族服饰不分男女装，皆为一式。穿插短衣、筒裙，赤足椎发髻，戴耳环，头裹刺花帕，上着琵琶襟，下穿八幅罗裙。在"改土归流"后，男女服饰有别。

（一）土家族男性服饰

土家族青壮年男子多穿对襟短衣、袖长而小，正中钉上5~7颗布纽扣，裤子大都是青或蓝色，加白布裤腰。老人常穿长袍大襟衣，男子头上包青布或白布长帕，长7~9尺，包成人字形。

（二）土家族女性服饰

土家族妇女的服饰比较讲究，上衣衣宽袖大，向右开襟，衣服沿边镶有色彩鲜明的三条花边，用布纽扣，也有用菱形银扣的。裤长而大，多用青、蓝色布加白布裤腰，裤脚口镶有花边。头包青丝帕或青、白布帕，不包人字形，包成厚厚的一叠。未婚闺女，头上留一条长辫子；已婚妇女在脑后绾成泡粑形发髻，名曰"粑粑头"。妇女的首饰很多，有银质、玉质和金质的簪子、耳环、戒指、手圈以及颈上胸前挂的银链、银牌、银铃、银牙签、银珠子等，走起路来叮当作响，引人注目。

四、宗教信仰

土家人在信仰方面，崇拜祖先、崇拜自然、崇拜图腾、尚巫术，还有部分人信仰道教、佛教、基督教等。

（一）崇拜祖先

追念恩德，祈求保佑，这是各族人民过去共有的信念，也都出现过逢年过节、初一十五祭祀祖先的活动。在历史上经历过深重苦难的土家族人，把在历史上起过重大作用，有过赫赫功绩，关系到本民族的生存和发展的祖先，当作族神顶礼膜拜，千秋祭祀。在酉阳城乡均有"三抚庙"，相传供奉的是土家族的三位祖先，一为冉姓，一为杨姓，一为田姓（或曰安姓），三人都是思播二州早先的土司（酉阳曾属于思州），都官宣抚使，因有德于民，所以三姓人立祠合祀。酉水流域一带有"土王庙"，是奉祀土家族彭氏、向氏、田氏三姓祖先的。

（二）崇拜自然

土家人认为"天"是具有最高权威，能够主宰一切的最大的神；在它之下，自然界的日月星辰、风雨雷电、土地山川，都视为神灵，都是与人间生死祸福、疾疫灾害、旱涝丰歉有影响的力量，因而分别定时予以祭祀，祈求保佑。土家族特别崇敬土地神，认为土地神是一个地域的管理者，主管该地的家畜家禽和虫害兽害，所以几乎每个村寨都有土地祠（庙）。每逢节日，都要献祭，特别是二月初二，传说是土地神的生日，都要隆重祭祀，祈求它保护五谷六畜与合家安泰。山有山神，水有水神；"山王庙"是奉祀山神的，"水神祠"是奉祀水神的，牛、马这些家畜，与人们的生产、生活，有密切的关系，也认为有管理的神灵而予以崇拜和祭祀。据《酉阳直隶州总志》载："州北有牛王庙、马王庙。"

此外，土家族还敬奉灶神、四官神、五谷神。敬灶神是希望饮食生活有保障；敬五谷神，是希望五谷丰登。对于四官神，土家族认为是管六畜兴旺的。

（三）崇拜图腾

土家人的先民巴人以白虎为图腾。在巴人活动过的广大地区，历代不断有众多的虎饰文物如錞于、铜剑、铜戈、铜钺出土。他们还以白虎为家神，用纸或布画虎贴于堂屋，用木雕有虎形象的吞口，用以驱邪。土家族的孩子戴虎头帽、穿虎头鞋，意为使孩子们从小便得祖先庇护，不受鬼怪侵扰。土家族人结婚时铺虎毯、跳丧时唱"三唱白虎当堂坐，当堂坐的是家神"类祭祀歌。在酉阳，土家人在堂屋后墙中间位置放一凳子，用作白虎坐堂的神位。这种对白虎的崇拜，代代相传，深入土家人生活的诸多方面。

五、古老戏剧

酉阳民间流传的戏剧主要有傩戏、阳戏、灯戏等为群众喜闻乐见的传统剧目。

(一) 傩戏

傩戏，又叫"傩愿戏""傩堂戏"，为苗族戏剧，它源于原始社会图腾崇拜的傩祭，是先民为驱鬼逐疫举行的一种祭祀仪式。主要特点是角色都戴木制假面，扮作鬼神歌舞。傩戏面具一般用柳木、白杨木制作，在面具造型上，注重人物性格的刻画，依此可将傩面具分为几大类：正神、凶神、世俗面具、丑角面具、牛头马面。傩舞贯穿于傩堂戏的整个开坛法事和傩戏中，由掌坛师头戴观音玉佛冠，身穿法衣，下围罗裙，左肩搭排带，右背插神鞭，左手拿牛角，右手执师刀迎神作法。掌坛师的舞蹈极为优美，有"踩九州""踩八卦"等。

(二) 阳戏

阳戏，是由"傩戏"发展而来的，酉阳境内的阳戏，可追溯到殷商时期，距今已经有3 000多年的历史，被称为戏剧的活化石。演出者身穿彩云彩裙，戴上各色人物的面具。阳戏唱腔比较丰富，唱词比较优美，具有比较精彩的戏剧情节和成套的舞台步式与身段动作，是一种独特的戏剧格式。关于阳戏的得名，民间也有许多说法，在此不一一赘述。

(三) 灯戏

灯戏，俗称"包谷灯"，又称为"酉阳花灯"，与"秀山花灯""湖南花鼓戏"有近似之处。其演出内容有大量地方色彩，除唱本地人、演本地事外，也移植改编其他剧种的剧目，如三娘教子、平贵回窑等。其器乐则是丝弦琴、竹笛，兼有锣鼓钹板等伴奏。每于丰年佳节或婚寿喜庆场中多有演出，颇受群众欢迎。

六、婚嫁习俗

关于土家族的婚嫁习俗可分为婚嫁前和婚礼时两个阶段。

(一) 婚嫁前

1. 托媒

男方托请一能说会道，且熟悉双方家庭情况的人（多为女性，俗称媒婆）到女方家里提亲，此后女方也托人暗中打探男方的家庭情况。

2. 合八字

若女方有意，则由媒人互通男女双方生辰八字，并请算命先生"合八字"。男女双方八字若相契合，双方即口头联姻。

3. 订婚

八字既合，则可拿之，故订婚又称"拿八字"。由男方购置红色庚书，写上男方生辰，然后装于精制拜帖盒内，由媒人赴女方家中将女方生庚填入同一庚书，即算正式订亲。

4. 认亲

由男方择定吉日备齐族茶（若干份猪肘、面条等物）到女方家，女方则邀约族人至亲齐聚堂屋。灯烛辉映之下，男子在媒人引导下谦恭有加，称父叫母，呼姑唤叔。

5. 报期

即由男方到女方家报告喜结良缘的日期。此后男方准备工作进入最后阶段。喜期前夕，男方备办彩礼。所谓"彩礼"，无非面酒糕糖、"长枪短枪"（猪长蹄谓之长枪，短蹄谓之短枪）。讲面子的男方，往往整猪相送，名曰"礼猪"。男方还需备办结婚衣物，女方也忙着准备"陪嫁"，其间家具被褥、锅碗镜妆之物日渐增多，新娘更是刺绣裁剪，赶制被套枕巾及公婆的鞋袜。

6. 哭嫁

这是土家族婚俗独特之处。哭嫁大多在婚前的十天半月之内，准新娘邀约邻近女友，帮忙做针线活。银针闪烁，彩线飞舞，姑娘们边哭边做，哭而不悲，哭而似悲，哭中寓乐，似哭实乐，唱哭间杂，虚虚实实，真真假假，哭声悠扬婉转，极富乐感，流露出土家族姑娘的天真率性。哭的内容有"哭爹娘""哭哥嫂""哭姐妹""哭媒人""满堂哭""表姐妹哭""堂姐妹哭"等。中华人民共和国成立后，哭嫁已逐渐淡化，仅在深山僻野居住的部分土家人中还有遗风遗俗。

（二）婚礼时

1. 过礼

婚期到来，男方派人给新娘送去衣裳、首饰、布匹以及给岳父母家酒、肉乃至盐、茶、米、豆等，叫"过礼"。过礼要在女方家神龛神位前隆重举行，要献上给女方祖宗三代的冥封，点燃香烛，并郑重其事地将其礼物摆放在神龛前桌上，把礼物清单递交给女方长者。

2. 女方花圆酒

出嫁前一天是女方的"花圆酒",取"花好月圆"之意,祝女子婚姻幸福美满。这一天,女方家将全部嫁妆都摆出来,擦干净,绑扎打点。亲友们都来祝贺,送上贺礼,同时对新娘进行打扮,"开脸""上头""戴花"。"开脸"要请姑母、姨娘或嫂子进行操作,用灰线包绞尽额上汗毛,绞现发际,并把眉毛绞如一弯新月,头发辫子挽成"粑粑髻",绕上红头绳,插上银别簪,带上银首饰,头包青丝帕,手戴银镯子、银戒指,与少女相比判若两人。

3. 踩斗

凌晨,新娘上路前,要由哥嫂或兄弟慢步背出闺房,没有哥嫂兄弟,则由叔叔,姑姑替之。父母是不能背的。穿过堂屋时,再让新娘站在事先安放在堂屋的一个方斗上,踩上一双脚印,名曰"踩斗"。然后再背出大门,给新娘穿上一双由婆家带来的绣花鞋,这时新娘就可以双脚着地了。新娘"踩斗"意味着把富贵也留给娘家,祝福娘家年年五谷丰登。接着娘家的管事点燃葵花杆或柏香树皮制成的火把,向新娘前后抛去,洒下满屋火花,预示新娘未来前程灿烂。新娘则将预先准备好的两把筷子,向身前身后撒去,祝福兄弟姊妹与自己过上丰衣足食的生活。

4. 露水伞

新娘上路,无论是天晴还是下雨,都要由新郎准备一把油纸花伞,叫"露水伞",送给新娘打着。此时新娘上穿右开胸,大袖大摆的"露水衣",下穿八幅罗裙,叫"露水裙",头包青丝帕,朱花银饰,琅佩叮当,由人扶着在堂屋哭拜一番,辞别祖先,告别父母,然后坐轿或步行起程,此刻,唢呐、锣鼓、鞭炮齐鸣,大旗大伞前行,迎亲队伍抬着嫁妆抢道走在新人前面,否则会被嬉笑为"送亲客";送亲队伍在后簇拥着新娘或花轿,一路吹吹打打,充满喜庆气氛。

5. 坐床

新娘跨进婆家大门前,要用脚踏一下大门槛,以示自己来到婆家。在新郎家祖宗神龛前举行拜堂仪式。新人在拜天地、祖先、父母、夫妻对拜之后,新郎新娘双方立即抢先奔入洞房,争坐到床上,这叫作"坐床"。据说谁先坐到床上,意味着将来谁当家。"坐床"的规矩是男左女右,以正中为界。有心计的姑娘往往坐在界线上,但新郎也不甘示弱,尽力把新娘挤到界线外去,双方各不相让,挨挨挤挤,若假若真。倘若新郎猛然揭开新娘的盖头巾,新娘不由嫣然一笑,坐床便随之告终,十分风趣。

6. 出拜

拜堂第二天举行"庙见礼",又叫"出拜",新娘一一拜见族戚长辈,长辈们说一些祝福吉利的话，并打发一些银钱。婚后三天，新娘偕同夫婿回娘家省亲，叫作"回门"。"回门"是新娘回省父母，新郎拜见岳父母的礼节。因此新郎要向岳父母家送上丰盛的礼物，如糖、酒、面食类，其中二十几斤重的一只猪腿是必不可少的。"回门"时新娘走前面，新郎走后面；返家时相反，则是新郎走在前面，新娘走在后面，并不能回头张望。

七、土家织锦——西兰卡普

（一）西兰卡普的地位

西兰卡普是土家族的传统手工艺品。西兰卡普是土家语，"西兰"是铺盖的意思，"卡普"是花的意思，所以在土家语里西兰卡普即是花被子，西兰卡普具有粗犷洗炼、结构饱满、色彩艳丽、图案奇特的艺术效果，是土家族民间艺术的精华，与壮锦、黎锦、傣锦被合称为中国少数民族四大名锦。

编织西兰卡普是土家族姑娘必备的本领。从十一二岁起，她们便要开始学习。待到长大出嫁时，她们所织出的西兰卡普的多少、技艺的高低，便成了衡量她们人品、才能的重要标志。过去，西兰卡普多用来作被面和其他衣饰。现在，已被广泛地应用于生活的各个领域，不仅深受土家人的喜爱，而且织锦壁挂、锦带、挎包、花被单等还远销到了北京、上海、新疆等地。

（二）传统工艺技艺

西兰卡普是在机床窄小的土织布机上，用蓝、黑、红、白等色棉线为经，用各种色彩的丝、棉、毛线为纬，采用挖花工艺手工挑织而成的。西兰卡普的图案多用象征和抽象表现的手法，直线造型，连续对称，呈单一型的演进变化。其传统图案即达二三百种，大致可分为三类：一是自然物象的图案；二是各式几何图案花纹；三是文字图案。这些传统纹样图案多取材于土家族的生活。如虎豹麂鹿的斑纹、锦鸡的彩羽、云彩的云钩、水波的曲钩、拱桥的弯钩、梅花钩，还有蝴蝶扑牡丹、双凤朝阳、喜鹊闹梅、土王五颗印、迎亲图等。近些年还推出了摆手舞、母子情、姊妹舞、熊猫图、月是故乡明等。这些图案设计独特、造型奇异、生动逼真，真实地反映出土家族的生活、历史、风俗习惯等，表现了土家人对自然和生活的热爱。

（三）西兰卡普的传说

相传，西兰卡普是由一个名叫"西兰"的土家姑娘所首创。西兰是一个心灵手巧、擅长彩织的姑娘，为了在土锦上织出半夜开花的白果花，长期深夜到白果树下观察白果花的形态。嫉妒她的嫂子向公公告状，诬陷她半夜外出与人私通，败坏门风。老人信以为真，竟用拐杖将女儿打死。土家族姑娘们非常怀念、崇拜她，继承了她的绣织手艺，并将土家织锦称为"西兰卡普"。

八、特殊节庆习俗与禁忌

（一）特殊节庆活动

土家族节日民俗较多。从节日内容看，有祭祀节日、纪念节日、庆贺节日、社交娱乐及生产性节日五类，其中最具特色的便是"过赶年"和"四月八"。

1. 过赶年

土家族过年，比汉族要提前一天，月大是腊月二十九，月小是腊月二十八，这叫过赶年。为什么要提前一天过年？主要的说法是在明朝嘉靖年间，年关将至，朝廷调土家兵赴苏松协剿倭寇，按路程算时间，不等过年就得出发，才能按时到达指定地点。为使出师官兵过了年再走，就决定提前一天过年。结果土家兵过完年后如期到达，并荣立"东南战功第一功"。后人为了纪念这个日子，就过起了"赶年"。赶年的习俗与传说，体现了土家族人民对先辈们的敬仰与怀念，同时也反映了土家族人民诚挚、持久的爱国主义情怀。

2. 四月八

一种说法是牛的生日，一种说法是土家先民在战争中失败了，退却时遇到一条河边过不去，万分危急的时刻，一条水牛游过来了，他们拉着牛尾巴过河，顺利脱离险境，牛救了土家先民的性命。以后每到这一天，土家人民都要杀猪宰羊，做米粑，给耕牛喂好的饲料，祭祀牛王。

（二）禁忌

1. 饮食禁忌

土家人忌食蛇，相传蛇是土家人的祖先，食之为大不敬。倘有人偷食蛇肉，亦须在野外进行，否则会中毒身亡。土家人忌食猫肉，认为食之会有灾祸。以上两种禁忌，都带有远古图腾禁忌残余。土家人为巴人之后裔，巴人以蛇与虎为图腾，而猫与虎形象相似，故而亦在禁忌之列。土家人也忌食乌鸦，因乌鸦为不祥之鸟，以为食之亦不祥。土家人还忌食鹰，以为食之必遭灾祸。吃饭前后禁用筷子敲打碗碟，给人盛饭斟酒忌反倒，饭后忌将碗磕倒扣桌上。土家人忌在背后吃饭，忌一个人一顿饭中用两个碗吃饭，认为"吃饭用两个碗，死了埋两个眼"。

2. 吃年饭禁忌

除夕团年饭要关着大门吃，这是为了关财气。别家吃年饭时不能去叫门、串门。吃团年饭时，不能讲"死人""鬼怪"等不吉利的话。吃年饭，菜里不准放大蒜，因大蒜与"大散"同音。吃年饭时，如有人打破了碗或酒杯等器皿，认为是这一年内不吉之兆。

3. 火塘禁忌

火塘是土家人心中的神圣处所。严禁任何人从上面跨越，或用脚蹬火塘中的铁撑架。忌讳人们在火塘上烤裤子、袜子、尿片，忌讳人们朝铁撑架上吐口水，也忌讳人们将双脚伸入铁撑架中。若外地客人不了解而触犯这些禁忌，主人会不高兴。

4. 门槛禁忌

门槛，尤其是堂屋的门槛，被土家族尊为圣地，外来客人不能坐在门槛上，认为坐在门槛上是对主人的一种侮辱性举动。另外，小孩子亦不准以门槛为刀砧砍削物件。相传，门槛若是被刀砍损，其家人后代将会出现兔唇豁嘴。土家人对门槛的禁忌，源自门槛的位置。因其正对着神龛，故对其进行损害或在其上踏坐，都直接影响祖先神灵，故而禁之。

5. 主客禁忌

主人待客忌用狗肉，土家人认为狗肉不宜上正席，否则是对客人的不礼貌。忌三、七、八上菜数字，俗称"三碗是叫亡的""七强八盗九江湖"；忌用大海碗给客人盛饭，吃饭时忌脚踏旁边人的坐椅。若客人已坐定，主人要走动，则只准从客人身后走，不宜走在客人前面；如果地方狭窄，必须走客人前面时，要说一声"得罪了"，否则，是对客人的不敬。主客坐下后，年轻的客人不准在长者面前架二郎腿，否则是对主人的不敬。客人未得主人的允许，不得进入主人家的内房（卧室），尤其不准进入吊脚楼上的闺女房，否则主人会生气。客人吃完饭后，不能将筷子摆成十字架于碗上，此行为在土家族人心目中是大不敬。客人吃完后，最好将筷子并齐整，放于碗旁边，此习现仍盛行。

6. 旅行禁忌

旅行忌七、九日出门，忌八日起程归家。民间称"七不出门八不归，逢九出门惹是非"。土家人还认为，农历一月、四月、七月、十月的蛇日，冬月的鸡日，三月、六月、九月的牛日，均为"红煞日"，忌出远门。有"出门遇红煞，一去不归家"之说。

>> 知识链接

土家族哭嫁

土家族女儿出嫁时一定要会哭，谓之哭嫁，哭得动听，哭得感人的姑娘，人称聪明伶俐的好媳妇。哭嫁有专门的"哭嫁歌"，是一门传统技艺。土家姑娘从十二三岁开始学习哭嫁。过去，不哭的姑娘不准出嫁。现在，仅在偏僻的山寨还有此习俗。

(一) 历史渊源

据《后汉书·南蛮西南夷列传》及明《思南府志》载，在秦汉以后即有土家族人在此开垦耕耘、繁衍生息。古时，土家族的婚姻比较自由，只要男女双方愿意，并征得族中土老司（土家族的巫师）的准许，便可订亲、婚娶。随着封建礼教的发展，土家族的自由婚姻和其他民族一样，也逐渐被包办婚姻所替代，讲求"父母之命、媒妁之言""门当户对"等条件。与此同时，土家族姑娘对包办婚姻不满而衍生的哭嫁现象就逐步表现出来并发展成内容丰富的文化现象。中华人民共和国成立后，包办婚姻的现象才得到基本遏制。不管婚恋形式如何发展，土家族姑娘在出嫁前亦喜亦悲地挥泪恸哭却亘古不变。即使在民族交往频繁、文化渗透迅猛的今天，土家族姑娘在出嫁前也要向前来贺庆的亲朋好友献上一曲曲悲欢离合的哭嫁歌。

(二) 哭嫁流程

新娘一般在婚前一个月开始哭嫁，也有在出嫁前二三天或前一天开始哭的。娘家人边为她置办嫁妆，边倾诉离之情。会哭的姑娘一个月内不哭重复，要哭祖先、哭爹妈、哭兄嫂、哭姐妹、哭媒人、哭自己。哭的形式是以歌代哭，以哭伴歌。歌词有传统模式的，也有聪明姑娘触景生情的即兴创作。土家姑娘用"哭"这一形式倾诉心中的情感。当然，也有真伤心而哭的，多半是狠心的媒婆乱点鸳鸯谱，害了姑娘的一生。

哭嫁的高潮是在新娘出嫁的日子。在出嫁的前一天，亲朋乡邻都前来祝贺和哭别。新娘家要邀请新娘九位最好的未婚女伴，陪着新娘哭，叫"十姊妹会"。这九位姑娘是陪哭的重要角色，因此无论她们家住远近，无论风雨阴晴，新娘家均要打轿派人去接。十姐妹聚齐后，新娘家将两张八仙桌拼在一起，摆在堂屋中间，比新娘年长的坐上方，与新娘年龄一般大的姑娘坐两旁，新娘坐在姑娘们中间。哭的内容主要是叙述姐妹友情，也有鼓励、劝慰的话语。

哭到半夜，新娘家里摆上夜宵让十姐妹吃，新娘以此为题还要哭一段，以感谢九姐妹的相陪。在"父母之命，媒妁之言"的婚配年代里，媒人包办婚姻很普遍，因此新娘常借哭嫁骂媒人，表达对旧式婚姻的不满。

哭嫁是土家人婚礼的序曲，他们认为"不哭不热闹，不哭不好看"。亲朋好友前来送别，哭是一种友好，哭是一种礼貌。对于那些坐在席中不哭唱的，新娘认为是瞧不起她而不高兴。

做一做

根据本节内容，试着创作一篇有个性的酉阳土家族文化解说词。

第二节　酉阳的苗族文化

一、酉阳苗族的来源

在酉阳，除了土家族，另一大少数民族便是苗族了。重庆市第七次人口普查数据显示，酉阳现有苗族9.75万人。关于酉阳苗族的族源，意见也不一致。有人认为现在苗族的祖先，是远古时代的"三苗"，也有人认为是殷周时代的髳人，而对于髳人的族属又有不同的看法。根据较多的历史资料，可以认定现在的湘川黔边区的苗族是古代"三苗"集团中一支的后裔。"三苗"是远古时候就居住在江淮流域及其以南一大片土地上的庞大的部落联盟。传说在唐虞时代，由于三苗向北发展，与企图向南发展的华夏族发生冲突，双方爆发了几次战争，三苗受挫后退守在"左洞庭，右彭蠡"之间的长江中游地区，仍有一定势力与华夏族对抗着。于是禹又大举进攻三苗，三苗大败，从此一蹶不振。其中一部分被俘，成了奴隶；一部分居荆楚一带，其中有一些后来与当地居民融合成所谓"荆蛮"；还有一部分向南向西逃走，有的逃到粤桂，有的逃到黔中。春秋战国时，楚国不断向外扩张，又迫使原住洞庭、彭蠡之间的苗民向西迁徙，进入黔中。酉阳是黔中地区的组成部分，因此酉阳的苗族早在先秦时代就有了。

苗族在发展过程中，也吸收和融合了其他相邻而居的部分少数民族。从汉代起，史籍上不称"苗"，而侮称为"蛮"，把川湘黔边的苗族连同其他少数民族，笼统地称为"黔中蛮""五溪蛮""武陵蛮"，居住在酉水流域的称为"酉溪蛮"。直到南宋，"苗"之名又才见诸史籍。

从东汉建武年间先后派遣刘尚、李嵩、马援征讨"武陵蛮"起，历代封建王朝多次派兵进攻五溪地区的少数民族，迫使一些苗民向西迁徙，一直迁到黔西北和川南地区。此外，由于自然灾害的侵袭，生活条件的恶劣，也曾引起苗人的迁徙。因此，酉阳境内的苗族也不是一次从一个地方迁来的。

酉阳的苗族已有悠久的历史，他们和土家族、汉族及其他少数民族一起，共同开发酉阳，为推动酉阳的经济、文化不断发展，做出了不可磨灭的贡献。

二、古老村寨

(一) 建筑形式

在酉阳,苗族和土家族在居住方面大体相同,都喜欢聚族而居,一姓一寨,后来也有亲戚加入杂居的。房屋一般为木结构,因富裕程度的不同有3间、5间以至9间的,有的在外边两侧加上1至3间厢房;两头则搭上"偏厦"作猪圈、牛栏。正屋中间的一间叫堂屋,设有神龛,供奉着天地、祖宗及财神、灶神等牌位。有的苗族人家,只在神龛上挂上一块篾簟簟,以示不忘祖先的苦难。相传苗族祖先逃难时,敌人追来,因在一间以篾簟簟为壁的茅棚内,幸免于难。堂屋左右的房间,又隔成内外两间,一侧的外间为厨房,其余3间为卧室。厨房里有灶、火炕,火炕坑中置一铁三脚,架上鼎罐可以煮饭,架上铁锅可以炒菜。火炕上悬有炕架,可以炕柴,炕腊肉。寒冬季节,一家人围着火坑取暖谈心,自有一番乐趣。

(二) 石泉苗寨

在酉阳县苍岭镇大河口村,距阿蓬江约3公里,有着一个距今500多年历史的古苗寨——石泉苗寨。古寨又名火烧溪,是酉阳县苍岭镇大河口村石氏家族的民宅,有渝东南第一苗寨之称。寨子占地2万多平方米,有108户500多寨民,全是石姓。据《石氏族谱》记载,酉阳石姓一世祖石宦曹系北宋开国元勋石守信六世孙石士器后裔。石泉石姓从"才"字辈传至"世"字辈,迄今已有15代。

石泉古苗寨坐落于一个颇似撮箕状的大山沟当中,山沟内部比较空旷,坡度较缓一直延伸至阿蓬江边,沟内小溪流淌,沟边有梯田、竹林环绕,郁郁葱葱,美不胜收。石泉古苗寨则位于小溪的中游地段。古朴的木屋、明亮的石板、流淌的溪水、别致的木桥、高耸的古树连为一体。古寨分上中下3寨,寨上有70多栋木质民居,1 000多棵古树,500多丘梯田,比之前《中国博物馆志》所载"中国最大的原生态苗寨"贵州郎德苗寨还大。

寨子依山而建,占据了一个形似半岛的山腰,形如一把坐北朝南的椅子。整个寨子里有8孔山泉,这8孔山泉不仅清洌甘甜,四季不干,而且冬暖夏凉。因寨子里全是石姓村民,因而被称为石泉,"石泉苗寨"也由此得名。另有传言,这里过去常有猛兽毒蛇出没,无人敢居住,后来,石氏祖先来到这里,放火烧山,烧走猛兽毒蛇后定居下来,故"石泉苗寨"小地名又为"火烧溪苗寨"。

三、民族服饰

(一) 苗族男性服饰

苗族男子的服饰较为简单,多着对襟大褂,上衣短小但袖子较长,裤装简短而肥大。喜欢带一方头帕,除丧服用白色外,头帕一般用青蓝色,长1丈,有的甚至长至3丈,包在头上大如斗笠。衣服的颜色有花格、纯青、纯蓝等,其中以花格布衣最有特色。

(二) 苗族女性服饰

苗族妇女的衣服多无领,袖口很大,衣服边上和裤脚口上镶有花边,胸前也要绣花。苗族妇女头帕用黑帕或花帕,长3丈多,包成高耸的筒形。喜欢佩戴首饰,尤其以银首饰居多,有"有衣无银不成盛装"的说法。银饰有头花、银帽、银盆、银角、银簪、银梳、耳环、项圈、项链、压领、围腰链、银披肩、手镯、戒指及各种衣片银铃等数十种。图案有对称、均衡、放射、单独和连续等结构。

中华人民共和国成立后,民族服饰逐渐退减。改革开放后,基本融入了全国着装潮流,只是在边远山区的少数老年人身上还留有民族服饰的痕迹。现在大型节庆等纪念活动中,全县居民身着鲜艳民族服饰参加活动,以展现丰厚的民族文化底蕴。

四、婚嫁习俗

苗族婚姻比较自由,青年男女通过"游方""跳花"等活动,借以认识,相互了解,建立感情,进而确定婚姻关系,再由男方托人向女方说亲,履行订婚、结婚仪式。

(一) 示爱方式

1. 踩脚

苗族青年在传统节日里,通过跳芦笙、踩堂舞、对歌等形式选择了意中人,但当众难以启口,男青年便趁人不注意时,脚尖轻轻踩女青年的脚,以试其态度,若女青年也如法回报,就表示接受求爱;否则,也不会责怪对方。经过"踩脚"确定了恋情,便可频繁幽会,互赠信物,然后就由双方父母商定婚期。

2. 掐指

"掐指"就是在节假日赶圩时,小伙子对姑娘产生爱慕之情,轻轻地掐一下姑娘的小手指。姑娘真心实意地接受小伙子的爱慕,就背过手来轻轻地掐一小伙子的小拇指,不愿意的话,就不理会。

（二）求爱方式——讨糖

苗族男女青年在"玩山走寨、行歌坐月"交往过程中，小伙子中意一个姑娘，就以"讨糖"为名向对方求爱："听说小妹糖很甜，哥想吃糖没带钱。"姑娘如果同意，大都会答："小妹有糖，糖太酸，大哥吃了腰会弯。"小伙子答着说："大哥想糖眼望穿，小妹糖酸心不酸。"通过几个回合的"讨糖"，姑娘就会给小伙子留下一句柔情的话："大哥想糖跟妹来，酸坏牙齿莫责怪。"假若姑娘早已有了意中人，就会对小伙子说："小妹有糖早卖完，大哥吃糖别处尝。"姑娘假如真的不同意，就回答说："小妹人穷不卖糖，大哥要糖没望场。"

（三）爱情纽带——草标

1. 草标的样式

苗族青年男女传递爱情用草标作纽带。草标形式各异，却很讲究，都传递着美好的愿望。有的用几根小草，表示几天后相会；有的将草扎成圆圈，表示团圆有望；有的青草夹黄，表示再相会。

2. 草标的传说

传说以前有个苗族小伙子阿本和苗族姑娘阿贝相爱。不料，阿贝姑娘被寨主看上并被抢走，当阿本来到的约会地点时，却不见阿贝的踪影，只见路旁有个草标，知道大事不妙，便按草标指示方向，到寨主家救出了阿贝姑娘。从此，他们离开家乡过上了幸福日子。草标的妙用也就从此流传了下来。

（四）爱情信物——花带与抄带

苗族男女青年相爱后，要互赠信物。姑娘送小伙子一根用彩线编织成的花带，长约1米，宽3~4厘米，上面绣着山川花草图案，寓意为"千里姻缘一线牵"。小伙子回赠姑娘一根线吊子。双方定情时，姑娘要送对方一根用雪白麻织成的长约150厘米、宽约30厘米的抄带，寓意为将纯洁的爱情献给对方，对方回赠一把梳子和一个圆镜，表示终身相爱，白头到老。

（五）半路"抓亲"

姑娘结婚时，由六个年轻姑娘和一位40多岁的中年妇女组成送亲队伍。迎亲队伍由六个小伙子和两个姑娘组成。两支队伍都在清晨五更相向出发。相会后，迎亲队伍把挑来的糯米饭交给送亲的大嫂，大嫂把盛新娘用品的竹篮交给迎亲的姑娘，然后把糯米饭给大家吃。这时迎亲的一个姑娘说："婆婆，谁是我家嫂嫂啊？"话音没落，送亲的姑娘将新娘紧紧围在中间保护起来。迎亲的小伙子和姑娘们就设法去"抓"新娘。最终新娘被"抓"走了，送亲的也便完成了任务。迎亲的带走新娘，双方道别而去。

（六）新婚三晚不同宿

1. 习俗形式

旧时，苗族人婚娶，新郎新娘三晚不同宿。姑娘出嫁之日，四邻姐妹相聚一堂，高唱苗歌，抒发离别之情。男方迎亲时，由女方"高亲"（男女各一直系亲属）送姑娘到男方，从侧门进入洞房。三日内由"女高亲"朝夕相陪，足不出新房，茶食均在房内。三日后，拜父母姑嫂，新郎新娘双双到娘家，称"回门"。"回门"返回后，请苗老师安"家先"，并在本"宗表"中写上新媳妇的名字，表示新娘已是本宗族的人了。当晚，新郎新娘方可同宿。

2. 习俗的由来

新婚三晚不同宿的婚俗，在苗族流传的时间相当久远，其原因未见史籍记载，而民间流传的一些美丽而动听的传说，却可以帮助我们探索苗族婚俗的渊源。传说，不知哪朝哪代的一天，土家族姑娘覃氏到山上采金银花，突遇一只豹子，吓得滚下岩坎，被一石姓苗族年轻猎人所救，后来双方有了爱慕之情。有一天石家请媒人到覃家提亲，覃家夫妇不同意，覃母对媒人说："石家后生救了我女儿性命，恩重如山，要骡要马随便挑，要我女儿做媳妇万万不能。"这门亲事就搁下来了。又过了几个月，一场大雨下了三天三夜，山洪暴发，覃家房屋倒塌，父亲丧命，粮食被水全部冲走。正在母女俩为难之时，年轻猎人领着一帮人给覃家送来衣食用品，并对覃母说："您老人家不嫌弃我们苗家的话，我愿意接您上山，养老送终。您老人家不愿意上山，我们就帮您修一栋新房。"一席话，说得老人热泪直滚，但还是不肯上山。于是，年轻猎人就给母女俩修了一栋一正两厢房的瓦屋。覃母见年轻猎人勤劳厚道，就把女儿许配给他了。女儿出阁那天，母亲心里还是不踏实，就对"高亲"说："你们把姑娘送去，要陪她三天三夜，如果苗家人真的粗野，就把姑娘给我带回来。"于是，"高亲"陪姑娘吃住三天三夜，见苗家人确实勤劳忠厚，才启程回家。以后，凡苗家人结婚，都是遵循新婚三晚不同宿的习俗。

五、丧葬习俗

（一）报丧

苗族实行土葬。成年人死亡，用杉树棺木殓尸，未成年小孩夭折，用木匣掩埋。

正常去世老人，落气时要烧"落气钱"，同时要放三炮火，俗叫"启程炮"。用桃树叶或水菖蒲烧水洗澡，穿寿衣，放在木板和长凳架成的"灵床"上（苗家叫"柳床"），请巫师超度入棺。

（二）守灵

棺木放在堂屋正中央，全家举哀，戴孝帕，大门贴上"当大事"字样，晚上请道士"打绕棺"、念经，停柩三至七日，上山安葬。

（三）择日

有的要择"吉日"，看哪天无忌讳才扶柩入土。灵柩上山要由死者娘舅家找一个年纪大的人，身缠二、三丈白布提着稻草把在前面引路，孝子孝孙也要头戴孝帕，手执香纸，撒纸钱，抬丧不走弯路，逢山翻山，遇水涉水，甚至践踏庄稼也不计较。

（四）下葬

到坟地棺木入穴后，由孝子亲手持锄连挖三锄，连呼死者三声，然后众人才动手埋葬。送葬人一律要回孝家，孝家门外放有一碗水泡饭，每人手拈几粒米，放在嘴边吹散，才能进屋。对非正常死亡的人，不论老幼，不能停尸屋内，多数不择日子，随死随埋，丧事草率。

（五）苗族葬礼接客礼仪

正㖿那天，众亲友陆续前来。特别是娘舅（或姑妈）前来祭奠时，孝家要在路口边铺上一个竹垫，上呈三角形，放上三个草团，草团中间放上三个熄灭的柴火，旁边摆三杯酒，还有一副竹卦，并请一能说会道的管事恭候。娘舅（或姑妈）家也请人领队代言。

当客人一行来到竹垫边，管事先斟酒给每个客人喝，然后主客家请来的代言人用比喻的方式唱问竹卦是否准备好。管事也用同样方式一一作了回答。代言人拿起竹卦，唱着朝后奠三杯酒给死者及其三代祖宗后，向三个方向踢掉柴堆，客人哭进灵堂。

孝家跪在堂前迎接并扶客人一同入堂。外管事则预先安排了一户人家供孝家主客住宿。如有死者的女婿牵有牛或猪、羊来祭奠，则自己找管事并要一一讲清楚方可收下，参加祭奠仪式也要请示管事同意，有的甚至亲生女儿、女婿的哭诉，也要得到同意。

六、苗族刺绣

苗绣，是指苗族民间传承的刺绣技艺，是苗族历史文化中特有的表现形式之一。刺绣工艺在苗族人民的生活中应用十分普遍。头巾、手帕、腰带，甚至常服和生活用品上大都绣织有精美的花纹图案。

（一）历史地位

苗绣历史悠久，源远流长，唐朝以后的历代史籍均有不少记述。它是苗族妇女长期以来共同创造，世代相传而形成的，具有很高的艺术价值，是苗族文化，也是中华民族文化不可多得的重要组成部分。清《开化府志》《广南府志》、民国《马关县志》《邱北县志》都记载有苗族妇女"能织苗锦"之句。

（二）苗绣的由来

苗人擅刺绣、蜡染，喜穿色彩斑斓的衣服，女子皆戴银饰。而这刺绣则与传说中的苗民南迁有关。

传说有位名叫兰娟的女首领，为了记住迁徙跋涉的路途经历，想出了用彩线记事的办法。过黄河绣条黄线，过长江绣条蓝线，翻山越岭也绣个符号标记，待最后抵达可以落脚的聚居地时，从衣领到裤脚已全部绣满。

从此，苗家姑娘出嫁都要穿上一身亲手绣制的盛装，为的是缅怀故土，纪念英勇聪慧的前辈，同时也为了承继前辈流传下的这份美丽，不忘祖业，激励后人。

（三）苗绣的工艺

苗绣色彩鲜艳明快，使人有爽朗炽热之感，多以红、绿色为主，辅以其他颜色，而且花纹稠密，色彩更显艳丽浓烈、富丽堂皇。苗绣纹样造型夸张生动，图案源于生活，但又不是生活的简单再现。它是苗族妇女在对大自然中的花、鸟、虫、鱼等物象进行认真仔细的观察和体验的基础上，通过艺术的抽象，大胆地进行夸张变形来表现创造者的审美感受和理想。如鱼，头圆、身肥、嘴小、眼大，形象生动可爱。苗绣构图对称和谐，形态自然，讲究对称美、充实美和艳丽美，不受自然形态和时空的约束，而颇注重情趣的表现。每一个画面完全凭创作者的想象和情感自由倾泻，能让桃花、梅花、菊花共存，让天地中的动物同生，富有浓郁的乡土气息和较强的艺术感染力。

七、特殊节庆习俗与禁忌

(一) 特殊节庆活动

1. 苗年

苗年，苗语称"能酿"，是苗族人民最隆重的传统节日。过苗年的日期，各地不尽相同，但都是在收谷子进仓以后，即分别为农历的九、十或十一月的辰（龙）日或卯（兔）日或丑（牛）日举行。过苗年的头几天，家家户户都要把房子打扫干净，积极准备年货，如打糯米粑、酿米酒、打豆腐、发豆芽，一般还要杀猪或买猪肉等。富裕的人家，还要做香肠和血豆腐，为家人缝做新衣服等。在苗年三十的晚上，全家都要在家吃年饭，守岁到午夜才打开大门放鞭炮，表示迎接龙进家。在天刚拂晓时，每家都由长辈在家主持祭祖。早餐后，中青年男子便上邻居家拜年，苗语称为"对仰"，表示祝贺新年快乐。

2. 四月八

苗族的"四月八"不同于土家族，是苗族人民纪念起义领袖"亚宜"的传统节日。传说古代有一个名叫"亚宜"的苗族首领，领导苗民与残暴的统治者进行斗争。他曾组织各寨苗族头人歃血盟誓，发誓要联合苗家各寨，与恶势力战斗到底，并约定四月八日在某山头聚众起义。起义后，义军连连获胜，一直打到了四川、贵州一带。到了第二年的四月八日，亚宜不幸战死。苗族人民为了纪念这位民族英雄，便于每年的四月八日这一天举行纪念活动，追思亚宜，同时为在战争中牺牲的战士们扫墓。

3. 赶秋节

苗族赶秋节在每年"立秋"，赶秋原来的意思是赶秋"千"。这一天，青年男女都会聚集在村寨、山场，唱歌跳舞，寻求伴侣。首先，由穿着古老民族服装的一男一女扮成"秋公秋婆"，在人们的欢呼声中，分别擎着一个饱满的玉米棒和一把金黄的稻穗，来到秋千架下，向人们报告一年的收成，祝贺庄稼获得丰收。接着，青年人争先恐后地涌上秋千。秋千架呈纺车形状，有相互错开的八架车辐，每架可坐一人。送秋人用力推动，秋千旋转起来，越转越快，人们发出阵阵欢呼。突然，送秋人用力顶住秋千横木，秋千戛然而止，上面的人纷纷往下跳。按习惯，最后被停在秋千上的人要高声唱歌。有的青年人有意停在上面，趁机用歌声向恋人吐露心声。

(二) 禁忌

1. 产忌

产妇生育，忌外人入室。不慎误入者，出门时须洗脚，并喝下一碗冷水，以防将产妇的奶水"踩干"。产妇忌吃老母黄牛肉、母猪肉、公鸡肉、小鱼、蔬菜、辣椒等。有些苗族地区，忌孕妇与孕妇会面，亦忌去别的产妇家，否则被会认为延长产期。

2. 农事禁忌

苗族人每年第一次往田里送粪归来时忌见外人，若遇之，忌打招呼。栽秧时若见秧田有鱼时忌说鱼，否则鱼会吃秧根。有些村寨，收获小米时留下穗小的不收，若孩子问及，忌说"不要了"，要说"它们未长大"，否则以后小米因伤心而拒绝再长。在田中忌提及老鼠，惟恐其听到前来糟蹋庄稼，只能以"他们父子"来代称之。忌戊日，正月立春后，凡遇戊日忌动土挑水。

3. 生活习俗禁忌

有些苗族地区，忌随时洗刷饮甑、饭包、饭盆，只能在吃新米时洗，以示去旧米迎新米。随时洗刷会洗去家财，饭不够吃。在山上饮生水忌直接饮用，须先打草标，以示杀死病鬼。忌动他人放于路边的衣物，以免传染麻风病。忌孩子在家中乱耍小弓箭，恐射中祖先。忌摸、拍小孩头顶，否则孩子长不高。

▶ 知识链接

苗族古历

远古时期，苗族文化科技十分发达，从发掘的苗族古历足见一斑。苗族古历，丰富了中国与世界历法体系。据考证：中国苗族古历体系属阴阳历，以太阳历为主。

苗族古历以十二生肖记时、日、月、岁，一岁365.25日，阳历平岁365日，闰岁366日。每岁分为动月、偏月、1月、2月、3月、4月、5月、6月、7月、8月、9月、10月，其中1月、3月、5月、7月、9月5个月为月长日，每月31日；动月、偏月、2月、4月、6月、8月、10月等7个月为月短日，每月30日。以"冬至"为岁首、年首、节首、气首，属中国历法"子正人统"。一岁分"冬至"（阳旦）、"夏至"（阴旦）两个年节，"冬至"前一日为苗历大年。一岁分冷季、温季、热季三季，分上半岁和下半岁，每半岁中冷季、温季、热季各占两个月，一岁中冷季、温季、热季各占4个月。上半岁由"冷渐热"，下半岁由"热渐冷"，岁岁循环往复。4岁1闰，附加值为1日，闰在动月，亦即岁首，闰月31日。苗历10月的最后一日为除夕夜（"冬至"前一日）。动月的第一个子日、丑日、寅日分别为天岁节、地岁节、人岁节。因此，有"岁首初日不出门"的苗习。

苗历除使用十二生肖记时、日、月岁外，还用自然数1、2、3、4、5、6、7、8、9、10等辅助记时、日、月、岁，为老人祝寿："祝120岁高寿"。

十二生肖来源，与中国远古十二个氏族有关。用十二生肖记时、日、月、岁，一岁分12个月，一日分12个时辰，岁、月、日、时固定不变，日按十二生肖相记，循环使用。建制以"建"作日首，固定循环使用。

二十七宿与苗族九卦有关。苗族先民还用所住房屋的相应方位与十二生肖辅助记时、日、月、岁，将一日分为夜、晨、昼、昏4个时段，与十二生肖相配记为"大门口、堂屋、左屋、屋后、右屋、屋顶"，观测日出日落。阴历从月圆到下一轮月圆为1个月，每月分27宿。阴历平岁358日，闰岁357日。动月、偏月为月短日；1~10月为月长日。月长日30日，月短日29日，闰月29日。苗族古历不论阳历或阴历均在岁鼠、岁辰、岁申置闰，每四岁一闰，闰动月。苗族古历体现了"一分为三、三位一体"的苗族生成哲学观和"九卦"立体思维观（即前后、左右、上下、表里、中或东、南、西、北、中、东南、西南、西北、东北）。

做一做

你对苗族文化还知道多少？请以小组为单位，收集、整理并制作成PPT，在班级中进行展示。

本章小结

"一方水土养育一方人"，千百年来，勤劳勇敢的土家族、苗族人民在与大自然抗争中，用他们的智慧和汗水创造出丰富多彩、独具特色的民族文化，在中国悠久灿烂的文化史中，留下了浓墨重彩的一篇。

思考与练习

一、单项选择题

1.酉阳土家族人的始祖是（　　）。

A.炎帝　　　　　　B.黄帝　　　　　　C.蚩尤　　　　　　D.巴人

2."土家"正式成为单一民族是在（　　）。

A.1955年　　　B.1956年　　　C.1965年　　　D.1966年

3.土家吊脚楼一般设有两层，上层住人，下层用来（　　）。

A.堆积木材　　B.会客大厅　　C.牲畜栏圈　　D.厨房

4.土家族先民以为（　　）图腾。

A.青龙　　　　B.白虎　　　　C.朱雀　　　　D.玄武

5.最具代表性的土家族婚嫁习俗是（　　）。

A.合八字　　　B.露水伞　　　C.坐床　　　　D.哭嫁

6.酉阳的石泉古苗寨有着（　　）年历史。

A.300　　　　B.400　　　　C.500　　　　D.600

7.信仰巫蛊术的少数民族是（　　）。

A.土家族　　　B.回族　　　　C.蒙古族　　　D.苗族

8.苗族的"赶秋节"是在每年的（　　）举行。

A.春节　　　　B.清明　　　　C.立秋　　　　D.立冬

二、判断题

1.吊脚楼源于古代的干栏式建筑，是渝、鄂、湘、黔等土家族聚居地区普遍使用的一种民居建筑形式。（　　）

2.土家族无论男女，头帕都包成"人"字形。（　　）

3.西兰卡普是苗族具有代表性的传统手工艺制品。（　　）

4.土家族人旅行忌七、九日出门，忌八日起程归家，有"七不出门八不归，逢九出门惹是非"的说法。（　　）

5.苗族女子喜欢佩戴首饰，尤其以银首饰居多。（　　）

6.苗族小伙子中意一个姑娘，就以"踩脚"为名向对方求爱。（　　）

7.苗族老人去世，要用桃树叶或水菖蒲烧水洗澡，穿寿衣上柳床。（　　）

8.苗族妇女可以与长辈同坐一条长凳。（　　）

三、简答题

1. 土家族人是如何修建吊脚楼的？

2. 酉阳土家族的古老戏剧有哪些？请简要阐述。

3. 请简要区分酉阳土家族、苗族的婚嫁习俗。

拓展训练

［实训名称］酉阳少数民族文化介绍

［实训场地］模拟导游实训室

［实训工具］3D模拟软件、电脑、投影仪、笔纸

［实训内容］模拟导游人员，对酉阳的少数民族文化进行讲解

［实训评价］实训评价表见表2-1

表2-1　　　　　　　　　　实训评价表

项目	分值	标准	自评	互评	师评	得分
仪容仪表	10	礼貌到位、精神饱满，妆容着装得体，符合导游职业规范要求				
普通话	20	普通话标准，语调自然，音量和语速适中，节奏合理				
语言表达	30	口齿清楚，语法正确，表达自然流畅；角度新颖，通俗易懂，生动幽默，富有感染力、亲和力，肢体语言得体				
内容合理	40	内容健康、完整、准确，重点突出，紧扣主题，与时俱进；结构合理，层次分明，详略得当，逻辑性强；文化内涵深厚，题材新颖				
总计	100					

第三章

酉阳的土司文化

📖 学习目标

知识目标：

1. 了解酉阳土司统治时期的政治、经济和文化。

2. 熟悉酉阳土司时期的代表人物。

3. 掌握土司制度历史、土司职责。

技能目标：

1. 能够对酉阳的土司文化进行介绍。

2. 能够灵活分析和运用酉阳的土司文化，撰写个性化的导游词。

职业素养目标：

1. 培养学生的爱国主义情怀。

2. 培养学生良好的职业素养与职业道德。

》案例导入

小陈是某旅行社刚工作不久的导游,在带游客去景区的路上,小王问候了客人,得到客人一片掌声。接着小陈按照导游词内容给客人讲解本地历史,可不一会儿,她就发现有的客人已经从刚才的兴奋中走了神,有的闭上眼睛,有的开始窃窃私语。小陈见状,意识到自己的讲解让客人乏味了,于是赶紧改变讲解内容,讲起了当地的特色文化。很快,客人的兴趣提高了起来,情绪开始高涨了。在后面的服务过程中,小陈渐渐掌握了团队客人的喜好和特点,知道客人想了解什么,因此在讲解过程中愈发得心应手。送别时,客人纷纷表示感谢,认为不虚此行。

思考:1.小陈的带团经历给我们什么启示?

2.在实际带团讲解中,我们应该注意些什么?

一、土司制度历史

土司制度是元、明、清王朝在部分少数民族地区分封各首领世袭官职,以统治当地人民的一种制度。冉氏对酉阳的统治始于南宋,初为羁縻土官制度,元延祐七年(公元1320年)冉氏被授宣武将军、宣慰司使,正式发展为土司制度。历经元明清三朝,于清雍正年间改土归流后结束,时间长达六百余年。

酉阳土司为川湘鄂三省边区三大土司(湘西永顺宣慰司、鄂西容美宣慰司、酉阳宣慰司)之一。

酉阳土司为世袭制,由中央王朝认可,敕命授职。酉阳土司在"谨守疆土,修职贡,供征调,无相携贰"等方面效忠中央王朝。

土司向中央王朝纳贡或一年一贡或三年一贡,物品包含土产、谷物、牛马、布匹等其中,最有名的有宜居茶、花田米和金丝楠木。明时,酉阳土司曾三献大楠木,每次20根。

土司自称本爵,土民则称之为爵爷,酉东(酉酬、大溪、酉水河)一带称为爵主。土司出巡护卫林立,旗锣鼓伞,土民伏于道路两侧,不敢仰视,稍有不慎,轻则鞭挞,重则处死。土司衙署雕梁画栋、砖瓦鳞次,土民却只能叉木架屋,编竹为墙,不能盖瓦,土司手下的舍巴陈头人允许竖梁柱立板壁,仍不许盖瓦。凡用瓦者以僭越之罪论处,所以,当时就有"只准官员买马,不准百姓盖瓦"的说法。

雍正十年(公元1732年)成都府通判耿寿平奉委来酉,驻龙潭渤海场,善处酉阳改土归流,安设酉阳县事宜。雍正十三年(公元1735年)将冉土司子女11人安插于成都。

乾隆元年（公元1736年）升酉阳县为酉阳直隶州，辖彭水、秀山、黔江3县，土司制度在酉阳结束。

二、土司职责

（一）守疆土

酉阳土司的重要职责是"进兵剿寇，保境安民"，确保境内安定。

（二）进贡纳赋

进贡纳赋是土司的基本义务，也表明土司对中央王朝的臣服。《冉氏族谱》记载，三年不能入供之期，石耶不能亲至京，酉阳以符。意思就是说酉阳交供为三年一贡。酉阳土司自明洪武到万历年间皆有朝贡的记录。据不完全统计，期间共有8次。冉如彪两次，冉兴邦3次，冉元2次，冉维屏1次。贡品有丝绸、大木（金丝楠木）等。

（三）征调

酉阳历代土司军事征调以"平反、抗倭、讨贼、援辽"为由进行征调。据不完全统计，酉阳土司各种军事活动共达33次。其中明朝就有30次。在30次中，奉调平反就有8次，镇压少数民族起义13次，农民起义6次，其他军事活动三次。

为武陵地区三大土司。

三、土司军政

土司为一地的最高军、政长官，由中央朝廷敕封，子孙世袭土司衙院设佥事（即副使），同样由朝廷敕封，一般由土司胞兄弟担任。土司衙院设总理（也称总管）一职，由土司任免，负责司内日常政务。还设把总执掌中营士兵，提调前、后、左、右营兵，总揽司内军事。明代为监控土司，增设经历一职，由中央朝廷下派。土司还设家政、舍把、头人等一大批家臣，如同皇宫里的内务府，负责土司及家人的生活起居。土司辖区的基层组织，是军政合一的旗甲制，各旗设旗头，由当地豪强望族头人担任，负责管理旗内户口、田产、赋税和差役。旗内士兵，农忙耕种，农闲集训，一遇战事，即操起武器听候征调。

四、土司经济

酉阳地处荒僻,自然条件极差,农耕方式落后,人们的物质文化生活十分贫瘠。冉氏历代土官、土司比较重视发展农业,在司内"督之耕稼,开垦荒僻",改进耕作制度,更新生产工具,不断提高劳动生产效率,粮食产量不断增长,人民生活水平有一定改善。同时,注重发展民族民间手工业和采矿业,加强水陆交通建设,促进了酉阳经济的发展。

酉阳民族民间手工业当以纺织为最,土家族的"西兰卡普"(窦布)和苗族的"蜡染印花"久负盛名。土家"蜜布"是土司向朝廷进贡的"方物",土司因此被朝廷加官晋爵,土家织锦也因此成为土司经济的支柱产业。酉阳汞矿蕴藏丰富,早在先秦时期,人们就采炼丹砂,巴寡妇清因采炼丹矿富可敌国,据传秦始皇陵墓里的大量水银皆为巴寡妇清所献。作为汞矿之丹砂,还是一种上好的防腐涂料,古人将之和以生漆涂染各种木制家具,使其光泽度和坚硬度都十分神奇,将之涂染棺椁,民间称为"金棺",葬于地下可千年不朽。因此,丹砂是酉阳土司财政的重要来源。

酉阳东临酉水,西濒乌江,两条河流是酉阳对外开放的黄金水道。酉阳土司比较注重两江航运的开拓,分别于酉水之石堤、乌江之龚滩设置税征机构,以加强对木船航运的管理和收费。同时,还以大量人力、物力整修龚滩至龙潭、沿河至秀山两条盐丹古道,两条长达四百多公里的古道全用石板铺就,成为川、黔、湘边区的商旅通衢。

五、土司文化

酉阳冉氏土司源于夔门(今重庆奉节),是武陵地区族群,其宗教信仰、价值观念、生活习俗、行为方式等,均与土家族无异。

历史上,酉阳乃化外之地,世代繁衍生息于斯的各族人民只用方言土语而无文字,"记数以绳打结,借贷刻木为契"。冉氏第十二世土司冉兴邦决定兴汉学以开民智,于明永乐初在贵州铜仁礼请陈忠入酉讲学,并遣使去南京奏请兴立学校,朝廷准奏颁学印一枚,设教授一职,兴儒重教,使酉阳各族子弟得以受汉文化教育,从此步入"破荒之旅"。

冉氏土官、土司大多一介武夫,重武轻文,少有彬雅之士。到冉兴邦一世,才渐改其风。据《冉氏家谱·世系录》:冉兴邦"请建学校,初设儒学训导一员。族中子弟，皆命人学。时文教既兴，夷风丕变。司中土民及明初避难来酉者，目染耳濡，渐知读书识字"。自此冉氏历世土司比较重视文化学习，有的土司还喜吟诗作对，留下一些诗文作品。其中，尤以第二十一世冉天育、第二十二世冉奇镳的诗词最多。冉天育曾参加援辽之役，其军旅诗有豪放之风；冉奇镳五岁袭上司职，得七叔冉天泽竭诚辅佐，其诗与父相比，有婉约遗风。

六、代表人物

南宋绍兴元年（1131年），夔州人（奉节）冉守忠奉命讨贼金头和尚有功，朝廷封为由（酉阳宣慰司），将酉阳寨改为酉阳羁縻州。冉守忠为酉阳州官，第八任孙子冉载朝平判苗蛮起义有功（当时酉阳仅辖李溪、小河、丁市、沿河县大龙、松桃县麻兔等地）。冉氏土官土司从冉守忠起至冉烜止，共传26世，29人，自南宋绍兴元年（1131~1735年），共世袭604年，推行土司制415年。

冉守忠：夔州人（今奉节县）。酉阳第一任知寨，南宋绍兴元年（1131年）因剿灭金头和尚有功，朝廷封地酉阳之寨置酉阳羁縻州，受朝廷浩封为武略将军，从五品，酉阳寨之寨，第一任土知州等官职。冉守忠任职后，向百姓谕以国恩，亲自督察百姓耕种，开荒拓土，使辖区人民安居乐业，深得百姓好评。

冉维义：据《冉氏家谱》载，冉维义维冉守忠第五世孙，于南宋孝宗淳熙初年袭酉阳知寨。淳熙四年（1177年）酉阳寨境内爆发苗民起义，冉维义率兵平之，一战而胜，凯奏朝廷，得旨酉阳改寨为州，浩封冉维义武略将军，授奉训大夫，知酉阳州事，子孙世袭。此为酉阳羁縻州之始。

冉思通：酉阳第七任土司，南宋宁宗庆元二年（1196年），将州所从关坝迁至铜鼓潭。

冉兴邦：冉兴邦于明洪武二十七年（1394年），将州治所所在地从铜鼓潭迁至中忠孝坝（今桃花源镇）。在职期间，遣子入朝，请允酉阳例建学校，明陈祖批准其请求，并派"教授"一名，颁学印一枚，协助其助学。永乐六年，酉阳宣抚司学塾建成。也成了土家族地区建立最早，级别最高的学府之一，培养了众多的汉文人才。与此同时，冉兴邦还四面扩充势力，其占领面积相当于今酉阳、秀山、黔江之和。为了扼制冉兴邦武力扩张，明王朝将湖南平茶、邑梅隶属重庆，今麻兔隶属松桃。冉兴邦极为不满，以家祖坟被盗，尸首藏于邑梅一户农家为由，兴兵滥杀邑梅长官司杨通贤一家90余人，其儿子上诉于朝廷，明成祖朱棣闻讯大怒，特派锦衣卫前往酉阳捉拿冉兴邦，将他解赴南京"凌迟处死"。为保持社会稳定，仍赐受其子冉琛世袭宣抚司之职。

冉跃龙：因援辽、平反有功，被朝廷加授酉阳军民宣抚慰使、骠骑将军（正二品），是历代土司中唯一的正二品朝廷命官。

▶▶ 知识链接

白再香

今酉阳后溪人，少时容颜举止俱佳，性格刚毅，不让须眉，勤学武艺，击刺诸投样样精通，号为女中豪杰。因其叔父白邦铭为酉阳土司衙门总管，适值土司选美，被宣抚使冉跃龙看中，迎娶司衙，为冉跃龙庶夫人。在冉跃龙战死后，白夫人多次代夫出征，与石柱土司秦良玉一起平息了奢崇明之乱。因白夫人援辽、平奢战功卓著，天启皇帝敕封她为汉土官兵中军都督，诰封一品夫人，和石柱女土司秦良玉一起，被时人誉为土家女中豪杰。

做一做

根据已学知识，撰写一篇有个性化的酉阳土司文化讲解词。

❖ 本章小结

600多年的土司制度，在酉阳的历史上留下了深刻的文化烙印，对于酉阳的民族变迁史也起到了重要作用。

思考与练习

一、单项选择题

1. 酉阳的土司制度始于（　　）。

A. 公元1320年　　　　　　　　B. 公元1321年

C. 公元1230年　　　　　　　　D. 公元1231年

2. 酉阳的土司制度结束于（　　）。

A. 公元1376年　　　　　　　　B. 公元1367年

C. 公元1736年　　　　　　　　D. 公元1763年

3. 以下不属于土司职责的是（　　）。

A. 守疆土　　　　　　　　　　B. 进贡纳赋

C. 征调　　　　　　　　　　　D. 朝觐

4.酉阳土司经济的支柱产业是（　　）。

A.织锦　　　　B.刺绣　　　　　C.蜡染　　　　　D.丝绸

5.决定兴汉学以开民智，于明永乐初在贵州铜仁礼请陈忠入酉讲学的是（　　）。

A.冉守忠　　　B.冉维义　　　　C.冉兴邦　　　　D.冉跃龙

6.酉阳第一任知寨是（　　）。

A.冉守忠　　　B.冉维义　　　　C.冉兴邦　　　　D.冉跃龙

二、判断题

1.土司制度是元、明、清王朝在部分少数民族地区分封各首领世袭官职，以统治当地人民的一种制度。（　　）

2.冉氏对酉阳的统治始于北宋。（　　）

3.酉阳土司为川湘鄂三省边区三大土司（湘西永顺宣慰司、鄂西容美宣慰司、酉阳宣慰司）之一。（　　）

4.土司向中央王朝纳贡两年一贡。（　　）

5.采矿是酉阳土司财政的重要来源。（　　）

6.历史上，酉阳乃化外之地，世代繁衍生息于斯的各族人民只用方言土语而无文字，"记数以绳打结，借贷刻木为契"。（　　）

7.冉氏土官、土司大多重文轻武。（　　）

8.冉跃龙因援辽、平反有功，被朝廷加授酉阳军民宣抚慰使、骠骑将军（正二品），是历代土司中唯一的正二品朝廷命官。（　　）

三、简答题

1.阐述酉阳土司制度历史。

2.土司的职责有哪些？

3.分析、比较具有代表性的几位土司的事迹。

拓展训练

［实训名称］酉阳土司文化介绍

［实训场地］模拟导游实训室

［实训工具］3D模拟软件、电脑、投影仪、笔纸

［实训内容］模拟导游人员，对酉阳的土司文化进行讲解

［实训评价］实训评价表见表3-1

表3-1　　　　　　　　　　　实训评价表

项目	分值	标准	自评	互评	师评	得分
仪容仪表	10	礼貌到位、精神饱满，妆容着装得体，符合导游职业规范要求				
普通话	20	普通话标准，语调自然，音量和语速适中，节奏合理				
语言表达	30	口齿清楚，语法正确，表达自然流畅；角度新颖，通俗易懂，生动幽默，富有感染力、亲和力，肢体语言得体				
内容合理	40	内容健康、完整、准确，重点突出，紧扣主题，与时俱进；结构合理，层次分明，详略得当，逻辑性强；文化内涵深厚，题材新颖				
总计	100					

第四章

酉阳的革命文化

学习目标

知识目标：

1. 了解酉阳的革命历史。
2. 熟悉酉阳的革命遗迹。
3. 掌握酉阳的革命人物与革命事迹。

技能目标：

1. 能准确分析和灵活运用酉阳的革命文化，撰写个性化的导游词。
2. 能将酉阳本地的革命文化融入导游讲解中，积极宣传和推广酉阳的旅游业，促进地方经济的发展。

职业素养目标：

1. 激发学生的民族自豪感和自信心，增强文化自信。
2. 培养学生的爱国主义情怀。
3. 培养学生良好的职业素养与职业道德。

视频导入

观看纪录片《留法岁月》，了解酉阳籍无产阶级革命家——赵世炎的故事。

思考：赵世炎是在什么背景下产生了革命的念头，又是如何走上革命道路的？

一、酉阳的革命历史

自鸦片战争以来,清政府被迫签订了一系列的不平等条约,中国彻底沦为半殖民地半封建社会。为此,中国社会各阶层开展了诸如洋务运动、太平天国运动、义和团运动、维新变法、辛亥革命等救亡运动,均以失败告终。面对帝国主义的铁蹄,中国仍有一大批仁人志士前赴后继,探寻中国未来之道路,以求救国救民之真理。

清末,地处僻壤的酉阳,境内各族人民因天灾人祸而处于水深火热之中,以至民不聊生,饿殍遍野。仁人志士振臂一呼,揭竿而起。因酉阳历来重视兴办学校,使一大批文人志士走出大山,接触到了孙中山先生"三民主义"的进步思想,并把新的思想带回酉阳,积极开展活动,广泛发动群众,酝酿武装起义,以实现同盟会的主张。

据记载,酉阳各族人民具有光荣的革命传统。最早可追溯到南宋初的思南苗民金魁起义,酉阳人的参与使其声势沿乌江波及涪、渝等州县。清咸丰九年(1859年)10月,川黔边猫猫山、南腰界爆发郎官、郎宦、陈显发(陈染匠)领导的土家、苗、汉农民起义,一时震惊清廷。清同治年间,酉阳爆发震惊全国的"酉阳教案",充分体现酉阳各族人民反帝反封建的斗争精神。

1934年6月,贺龙、关向应率领中国工农红军第三军(即红二军团)在酉阳南腰界开辟川黔边革命根据地,创建黔东苏维埃特区,以南腰界为军事指挥中心,建立南腰界区、乡苏维埃政权。同年10月26日,任弼时、萧克、王震等率领红六军团转战南腰界,与红二军团在猫洞大田举行会师庆祝大会,随即挥戈东进,创建湘鄂川黔革命根据地。

1937年7月7日,卢沟桥事变拉开了中华民族全面抗战的序幕。在这场中国近代史上历时8年的最伟大的民族解放战争中,酉阳作为当时四川省第八区行政督察专员公署所在地,义无反顾地投入到这场伟大的民族解放战争中去,为抗日战争的胜利添砖加瓦,做出了自己应有的贡献。

(一) 宣传抗战,激发酉阳各民族团结抗战的激情

1937年7月7日,卢沟桥的枪声震撼华夏大地,中华民族全面抗战从此开始。在这事关中华民族生死存亡的关键时刻,"兄弟阋于墙,外御其务。"9月以国共两党合作为基础的抗日民族统一战争正式形成,实现了中华民族的空前大团结。为了积极宣传抗战,激发酉阳各民族团体抗战之激情,动员和组织力量支援抗日前线,酉阳在成

立"抗敌后援酉阳分会"的基础上,组织成立以国民党县党部书记陈子尚为主任委员的"宣传委员会",下设办公室,按行政区划,区、乡、保分别成立宣传区队、分队、小分队,分别由区长、乡(镇)长、保长任区队长、分队长和小队长领队执行宣传工作。宣委会主要宣传"抗战建国纲领"等为主要内容的抗战题材,宣传"抗战爱国光荣、妥协卖国可耻"的道理。

酉阳抗日救亡宣传活动,激发了酉阳各民族抗日之激情,许多青年立下"宁作沙场鬼,不做亡国奴"的誓言,全县形成了"有钱出钱、有力出力、救亡图存、支援抗战"的团结局面,为支援前线抗战起到了重要作用。

(二)从军参战,为中华民族独立和生存而英勇战斗

抗日战争全面爆发后,除一些热血青年自愿参军外,酉阳也为抗战队伍输送兵员上万名。据不完全统计:1937年抗日战争爆发到1941年,酉阳境内征兵10 419人;1944年冬,国民政府号召知识青年从军,在"一寸山河一寸血""十万青年十万军"的号召下,酉阳县在中学、师范校中招上千名知识青年入伍当兵,上抗日前线;从酉阳经过长征到达陕北的老红军冉瑞才、张斌、周连光、吴汉青、吴玉顺、黄子高、邱令荣、严永兴等人所在的红二方面军开赴山西抗日前线,参加"雁门关伏击战""齐会战斗""陈庄战斗"和"百团大战"等数次战斗,为抗日战争胜利立下了不朽功勋;有赴异国他乡参加抗战的青年远征军百多名酉阳籍战士;有傅翼、田干周等国民党抗战将士英勇善战,不怕流血牺牲的许多难以忘怀的人物。其中最著名的有"抗日军令重,未敢脱战袍",先后指挥武宁、上高,以及三次长沙会战和收复常德等战役的,时任国民党陆军新151师、16师少将师长和72军中将军长的酉阳人傅翼;有"忠心报国"战功卓著的少将副师长、酉阳麻旺兴复村人陈德邵;有"当年尽心忠党国,名留千古;抗日伤胸保民族,功著千秋",身负重伤仍喊"兄弟们,人在阵地在"的副团长,后任沿河县长的田阡陌;有在淞沪抗战中为代理旅长,"誓与阵地共存亡"的为国捐躯英名铭刻在"上海抗日阵亡将士纪念碑"上的田干周。酉阳籍官兵为抗日胜利不惜抛头颅洒热血,献出了宝贵的生命。据《四川省民政厅》1941年统计:原抗战川籍官兵伤亡受恤人数酉阳为167人,其中官佐14人,士兵153人;据《文物志》载:在抗日战争中,酉阳籍为国捐躯者376名。他们用自己的鲜血和生命,不仅为酉阳土家苗族儿女书写了浓墨重彩的抗日华章,而且将载入中国抗战的史册。

(三)修公路、建机场、运物资,为抗战提供后勤服务

根据抗日战争的需要,酉阳征用了大量民工用于修公路、建机场和运输物资,基

本确保抗战需要。一是新修川湘公路。为了适应抗战需要，贯通西南大后方和华中抗日前线的运输动脉，不断向抗日前线转运抗日官兵和作战物资，国民政府于1935年9月决定下拨500万法币修建川湘公路。该路四川段为698公里，其中酉阳段165公里，工程之艰巨，实属罕见。1936年春，酉阳成立了"酉阳筑路委员会"和"工程处"，丘光华负责酉阳境内工作，各区乡也相继成立筑路队。二是修建秀山军用飞机场。1940年，国民政府决定修建秀山军用飞机场。酉阳3 000多名义工（据民国30年3月23日统计：酉阳最近修机场民工平均数为5 578名）自带粮食和工具，奔赴秀山。经过一年多的艰苦努力，与其他总队一起用血汗筑起了秀山军用飞机场。三是川东陆运总队。为了支援抗日前线和解决湘鄂川黔边区数十县的食盐紧缺问题，缓解川湘公路运输压力。年运300万公斤的食盐只能从涪陵水运到龚滩，再从龚滩陆运到龙潭，然后由龙潭河运到湖南等地。为此1939年成立川东陆运总队，由陈蒿荪任总队长，由60人组成监护队来保护总队。

（四）捐款捐物，为抗日前线提供了物资保障

抗日战争爆发后，酉阳为支援前线抗战，广泛发动群众捐资捐物。1939年酉阳成立以党部书记长陈子尚为主席的"捐献军粮委员会"，该会组织工作队，到各区乡宣传捐献军粮的目的和意义，大家纷纷表示愿捐献粮食，支援前线抗战。据不完全统计：1936~1944年，酉阳县财政和酉阳人民为抗日支出及捐献金额为4 700万元、法币4 830元，其中修建抗战公路的财政支出4 600万元，救济及抚恤等费用5 575元、法币2 500元，捐款2.01万元、法币200元，认购抗战公基金4.43万元、法币2 130元，其他（建忠烈祠、购滑翔机等）100余万元，粮食4 937市石，军鞋8 630双。在8年抗战的艰苦岁月里，酉阳各族人民捐款捐物支援抗战，为抗日战争的伟大胜利贡献了应有的力量。

二、酉阳的革命遗迹

历史上酉阳是重庆市重要的老革命根据地之一。中国共产党早期无产阶级革命家、中国共产党早期领导人之一的赵世炎同志诞生于此；刘仁、赵君陶等一大批仁人志士都是可歌可泣的酉阳儿女；1934年6月10日，贺龙在南腰界设立了红三军司令部，同年10月27日，任弼时、肖克、王震率领中国工农红军第六军团与红三军胜利会师，红二方面军从此诞生，成为长征的主力军之一。1934年10月，革命先导们敢为人先、决定长征，他们意志坚定，负重创业，实干救国，谱写了一曲惊天地、泣鬼

神的长征之歌，铸就了无坚不摧的长征精神。勤劳朴实的土家儿女，倍受革命老区的特殊洗礼，深受长征精神的教育，思想里种下了敢为人先、创新创业的种子，骨子里浸透着克难攻坚、实干苦干的坚毅。

(一) 赵世炎烈士纪念馆

赵世炎烈士纪念馆位于酉阳县龙潭古镇赵家庄子，占地1 605m^2，建筑面积710m^2。纪念馆由赵世炎烈士凭吊广场、赵世炎烈士陈列馆和赵世炎烈士故居三部分构成，是重庆市爱国主义教育基地。为了缅怀革命先烈，弘扬革命传统。1983年酉阳县委、县政府修建了烈士纪念馆和凭吊广场，矗立烈士塑像。在塑像南侧陈列室陈列着赵世炎同志生前活动照片、手迹、书稿及李鹏、朱琳同志捐赠的赵君陶同志的遗物等文物，与赵世炎故居同步开放，供后人瞻仰和缅怀。

1. 赵世炎烈士凭吊广场

赵世炎烈士凭吊广场，占地面积1 466m^2。广场中央，屹立着的赵世炎烈士全身铜像。世炎同志，右手挂着大衣，左手紧握书卷，面容坚毅，双眼炯炯有神望向远方。表现出世炎同志雄浑大气、傲视群雄、大义凛然、坚贞不屈、大无畏的英雄气概同时，也再现了世炎同志的温文尔雅、博学多才的书生气质。

铜像底座正面镌刻着"赵世炎烈士像"几个鎏金大字，是邓小平同志1987年亲笔题写的。

铜像背景，是一幅高2m，宽10.8m的大理石浮雕墙。浮雕再现了赵世炎、周恩来、罗亦农等老一辈无产阶级革命家领导上海工人武装起义的战斗场景。

2. 赵世炎烈士陈列馆

赵世炎烈士陈列馆，面积1 380m^2，以从左至右的顺序，分为："赵世炎生平业绩展""龙潭立壮志、五四成先锋""赴法求真理、群英创少共""北方传马列、五卅唤劳工""率沪三起义、碧血浩长空""后辈承遗志、万代仰施英"等七个主题。

陈列馆内，还配有15个陈列柜、95块图片模板，还原了原上海总工会大门、上海第三次武装起义战斗场景、赵世炎同志就义场景，同时，反映了赵世兰、赵君陶等老一辈革命者的革命斗争生涯。

3. 赵世炎烈士故居

赵世炎烈士故居占地1 605m^2，建筑面积712m^2。故居建筑为清代砖木结构，复四合院布局，正房居中，呈"T"字型，为硬山式屋顶用封火墙筒子；故居堂屋以穿斗式梁架，7穿用7柱；5开间、阔21.41米，纵深6间12米，通高7.8米。

故居四周围墙，共有瓦房32间，分别是正房、前院东西厢房、后院东西厢房、面阔三间的磨房和位于正房右侧的碾房。正房左侧则是花园，配以假山鱼池，为休闲处所。

故居坐北朝南，朝门朝东，八字墙敞开，喻广纳东来紫。左右门壁刻"福""禄"二字，字如盆大，苍劲有力。赵庄正门照壁呈凸形，上有松鹤壁画，光彩夺目，恰与中堂所悬"琴鹤世家"鎏金匾相互辉映，足见当年主人的文化品位。

1901年，赵世炎诞生在龙潭镇上的赵家院子，1904年随全家迁居到赵家庄屋居住。在这里的每一块瓦片和每一块石板，记录了赵世炎及姐妹们童年和少年的全部时光。

现在赵世炎烈士纪念馆现已成为党政机关、社会团体、大中小学校和基层党组织进行党团活动（敬献花篮、入党宣誓、会议服务等）和接受爱国主义教育和革命传统教育的重要场所。与南腰界红三军革命根据地以及刘仁同志故居形成了一条红色旅游线路，充分发挥了纪念馆的政治效益和社会效益。

4. 赵世炎生平事迹

赵世炎（1901~1927年）字琴生，号国富，笔名施英。四川酉阳（现属重庆市）人。中国共产党早期杰出的无产阶级革命家、政治家，马克思主义理论传播者、工人运动的杰出领袖，中国共产党创始人之一，著名革命烈士。赵世炎从小勤奋好学，于1915年8月进入北平高等师范学校附属中学学习。1919年留学法国，1922年6月在巴黎主持召开了中国少年共产党成立大会，当选为书记，与周恩来同为中国共产党旅欧总支部主要负责人。1923年赴莫斯科入东方大学，翌年回国，担任中共北京地委书记。在第一次国内革命战争时期，他与周恩来、罗亦农共同领导了震惊中外的上海三次工人武装起义。1926年，调任中共江浙区委组织部长兼上海总工会党团书记。1927年5月任中共"五大"中央委员，6月，任中共江苏省省委书记。同年7月，赵世炎被捕牺牲。

（二）刘仁同志故居

刘仁同志故居，占地面积5.65亩，建筑面积386平米，位于重庆市酉阳县龙潭镇五育村，小地名"团山堡"。距赵世炎同志故居5公里，离酉阳县城35公里。

故居老屋属清代木质结构，典型的土家建筑风格。五柱四骑青瓦房，明三暗五，高6米，长23米。堂前亮柱两根，錾花鼓形石墩，细錾石阶沿，青石院坝，四步石梯直上堂屋，六合大门，冬瓜花窗。正房右侧为厨房，左侧为两间厢房（磨坊和仓房）。房舍四周原以树木藤蔓作为篱笆，后遭损毁，现为水泥围墙。

1983年，酉阳县人民政府将刘仁故居列为县级文物保护单位，拨款将其修缮一新。2005年，再次修缮刘仁故居，并将搜集到的刘仁同志生前活动图片、实物资料陈列展出，刘仁同志故居正式对外开放。现在，刘仁同志故居已成为重庆市重点文物保护单位和爱国主义教育基地。

刘仁（1909~1973年），原名段永鹩，重庆酉阳人。1924年考入北京师范大学附中。1927年加入中国共产主义青年团，同年转为中共党员。1930年担任天津市纺织行动委员会书记，领导工人罢工斗争。1933~1935年，在内蒙古地区、张家口、北平等地从事军运和群众工作。1935年赴苏联学习。1937年年底，回延安任中共中央党校秘书长兼班主任。1938年冬，到晋察冀抗日根据地工作。1948年春，带领北平地下党发动起义，顺利完成和平解放北平的任务。中华人民共和国成立后，刘仁历任中共北京市委组织部长、副书记、第二书记，中共中央华北局书记处书记等职，并当选为中共第八届候补中央委员。

（三）南腰界革命根据地

南腰界革命根据地，它是第二次国内革命战争时期、重庆最早的人民政权所在地，也是继赵世炎烈士纪念馆、刘仁同志故居之后，酉阳红色旅游中的重要组成部分。

1932年7月，国民党军向湘鄂西苏区进行大规模的第四次"围剿"，红三（中国工农红军第二军团）军虽然经艰苦奋战，反"围剿"仍然失败，于1932年8月退出湘鄂西革命根据地。几经辗转，于1936年6月4日，进入了川黔边区的酉阳南腰界。贺老总决定把红三军司令部设立在南腰场上的余家桶子，建立以南腰界为中心的根据地，红三军由此才得以长时间地生息和发展。

1. 中国工农红军第三军司令部旧址

红三军司令部旧址位于酉阳南腰界乡南腰界村余家桶子，是南腰界的核心景点。

余家桶子系晚清建筑，是清末秀才余兰城的私宅。余家桶子房屋青砖黑瓦、砖木结构，四合院布局，正堂硬山式屋顶，是穿斗式梁架土家特色建筑。红三军进驻余宅后，为了安全和保卫需要，在院后面用条石、火砖砌成高2.8米、长278米的围墙，院坝中有两棵贺龙手栽的花红树。经改造后，余家桶子分内外两院，建筑面积450平方米，占地面积8 200平方米。当年，院内的各个房间是司令部的机关、营房和会议室。

2. 红三军大坝场战斗遗址

红三军大坝场战斗遗址位于酉阳自治县南腰界乡大坝村。遗址主体是伪团总冉瑞廷的老宅——冉家祠堂。冉家祠堂始建于1371年，总占地面积738.2平方米，坐北朝南，四合院布局，通高约6米，东南角设有碉楼，可以瞭望和射击。冉家祠堂四周用条石砌成高3米，厚70厘米，长约110米的石墙。石墙外为一片开阔地。

1934年8月9日，一直躲在深山老林中的南腰界伪团总冉瑞庭及其子冉崇侯趁红军主力不在，偷袭南腰界，残杀红军留守人员、伤病员和游击队员。贺龙闻讯，即派钟子廷率部星夜返回南腰界，包围了冉瑞廷的老窝大坝场。冉瑞廷见势不妙，逃得无影无踪，其子冉崇侯挟持100多名群众退入大坝场冉家祠堂内负隅顽抗。红军包围冉家祠堂后，审时度势，决定采取"长期围困，争取群众，时机成熟，全歼顽敌"的方针。9月12日晚，当被挟持群众冲出冉家祠堂后，贺龙下达攻关令，红军团长钟子廷以及廖汉生分别带队冲进了祠堂，全歼冉崇侯等顽敌。这次战斗胜利，解除了敌团防武装对南腰界的军事威胁，巩固了川黔边根据地。

红三军大坝场战斗遗址为重庆市重点文物保护单位。

3. 中国工农红军二、六军团南腰界会师纪念亭

1934年7月，江西苏区第五次反"围剿"失败已成定局。为了保存革命力量，中央命令任弼时、萧克、王震率红六军团作为长征探路的先遣队，从湘赣根据地突围西征。并寻找与中央失去联系的红三军。

1934年10月24日，任弼时、萧克、王震、李达领导的红六军团在贵州的木黄、石梁等一带与贺龙、关向应、夏曦领导的红三军部分会合，并于26日全部集结南腰界。27日，两军指战员和南腰界区委会（区苏维埃）所属4乡游击队员共8 000多人，在南腰界猫洞大田举行两军会师大会。会上任弼时宣读了中央发来的贺信、宣布了红三军正式恢复红二军团番号，以及部队整编的几项决定，贺龙、关向应、萧克、王震等同志亦相继讲话。

红二、六军团会师在中国工农红军发展史上写下光辉的一页。为了纪念这次会师，1987年，在离此次大会主席台50米处，建立了一座条石钢筋水泥结构的重檐八角攒尖式会师大会纪念亭。亭四方的石板栏杆上刻有毛泽东诗词和会师场面浮雕，亭中树有高2.6米，宽1.5米的石碑，正面刻有萧克题的"中国工农红军二、六军团南腰界会师大会纪念亭"，背面刻有廖汉生撰写的亭记。"亭记"全方约千字，记述了会师经过和会师大会概况。

做一做

红色故事知多少？

请以小组为单位，收集酉阳境内的一个红色人物或红色景点的故事，整理并制作成PPT，在班级中进行展示。

思考与练习

一、单项选择题

1. 下列不是酉阳籍的革命者是（　　）。
   A. 赵世炎　　B. 傅翼　　C. 任弼时　　D. 刘仁

2. 红三军大坝场战斗遗址主体是（　　）。
   A. 冉家祠堂　　　　　　B. 余家祠堂
   C. 白家祠堂　　　　　　D. 彭家祠堂

3. 酉阳人民的革命传统最早可追溯到（　　）。
   A. 盛唐　　B. 南宋　　C. 明末　　D. 清初

4. 下列不属于赵世炎烈士纪念馆的建筑是（　　）。
   A. 陈列馆　　　　　　　B. 赵家庄
   C. 赵家院子　　　　　　D. 凭吊广场

5. 能充分体现酉阳各族人民反帝反封建的斗争精神的事件是（　　）。
   A. 酉阳教案　　　　　　B. 百团大战
   C. 金魁起义　　　　　　D. 卢沟桥事变

6. 中国工农红军二、六军团南腰界会师纪念亭的亭记是（　　）写的。
   A. 肖克　　B. 毛泽东　　C. 廖汉生　　D. 贺龙

7. （　　）红三军正式恢复了红二军团番号。
   A. 1934年10月27日　　　　B. 1934年10月26日
   C. 1934年10月24日　　　　D. 1934年6月10日

8. 下列是我党早期无产阶级革命家、中国共产党早期领导人的是（　　）。
   A. 赵世兰　　B. 李鹏　　C. 刘仁　　D. 赵世炎

二、判断题

1. 在酉阳南腰界开辟川黔边革命根据地是红六军团。（　　）
2. 刘仁同志故居老屋属清代木质结构，典型的苗家建筑风格。（　　）
3. 酉阳宣委会主要宣传"抗战建国纲领"等为主要内容的抗战题材，宣传"抗战爱国光荣、妥协卖国可耻"的道理。（　　）
4. 赵世炎烈士故居是由纪念馆和陈列馆两部分组成的。（　　）
5. 红三军大坝场战斗遗址为重庆市重点文物保护单位。（　　）
6. 赵世炎烈士纪念馆与南腰界红三军革命根据地以及刘仁同志故居形成了一条红

色旅游线路，充分发挥了纪念馆的政治效益和经济效益。（　　）

7.晚清时期，中国社会各阶层开展的救亡运动有洋务运动、太平天国运动、明治维新、辛亥革命等。（　　）

8.南腰界革命根据地，它是第一次国内革命战争时期、重庆最早的人民政权所在地。（　　）

三、简答题

1.赵世炎烈士陈列馆的主题有几个？它们分别是什么？

2.酉阳及广大的酉阳人民群众在8年抗战中所做的贡献有哪些？

3.请简要介绍赵世炎烈士故居、刘仁同志故居以及红三军司令部旧址，试分析三处主体建筑有何异同。

拓展训练

［实训名称］酉阳革命文化介绍
［实训场地］模拟导游实训室
［实训工具］3D模拟软件、电脑、投影仪、纸笔
［实训内容］模拟导游人员，对酉阳的革命文化进行讲解
［实训评价］实训评价表见表4-1

表4-1　　　　　　　　　　实训评价表

项目	分值	标准	自评	互评	师评	得分
仪容仪表	10	礼貌到位、精神饱满，妆容着装得体，符合导游职业规范要求				
普通话	20	普通话标准，语调自然，音量和语速适中，节奏合理				
语言表达	30	口齿清楚，语法正确，表达自然流畅；角度新颖，通俗易懂，生动幽默，富有感染力、亲和力，肢体语言得体				
内容合理	40	内容健康、完整、准确，重点突出，紧扣主题，与时俱进；结构合理，层次分明，详略得当，逻辑性强；文化内涵深厚，题材新颖				
总计	100					

第五章

酉阳的江河文化

📖 **学习目标**

知识目标：

1. 了解酉阳的江河情况。
2. 熟悉酉阳江河的风景名胜。
3. 掌握酉阳江河沿岸产生的民族文化。

技能目标：

1. 能准确分析并灵活运用酉阳的江河文化，撰写个性化的导游词。
2. 能将酉阳本地江河文化融入导游讲解中，积极宣传和推广酉阳的旅游业，促进地方经济的发展。

职业素养目标：

1. 激发学生的民族自豪感和自信心，增强文化自信。
2. 培养学生的爱国主义情怀。
3. 培养学生良好的职业素养与职业道德。

» **视频导入**

播放一段《酉水船工号子》的视频，请同学们欣赏。

思考：视频中唱的是什么歌曲？它与酉阳有什么关系？

第一节　酉阳乌江文化

一、乌江概况

（一）乌江名称的由来

乌江，长江八大支流之一，长江上游右岸最大支流河，发源于贵州省威宁县香炉山花鱼洞，流经黔北及渝东南酉阳县和彭水县，在重庆市涪陵区注入长江。

乌江，先秦到唐代称牂牁江（先秦时期贵州属牂牁古国），又有称内江水、涪陵水、延水等的，唐时设立黔中道，故唐宋又称黔江。元代首次被称为乌江。蒙古人南下，用蒙古语记下各地的名字，再音译成汉字，导致了许多谬误，如沿河北部河流"思邛"被记为"思渠"（因为当地巴蜀语有鼻音韵尾脱落的情况）。乌江也是此时得名。

沿河古称"务川"，隋开皇十九年（599年），招慰蛰僚奉诏置务川县，治地在今沿河县城东岸，南宋后期才迁往都濡，务川县治沿河历519年。唐《元和郡县志》载："内江水，一名涪陵水（乌江），在县（今沿河河东田坝）西四十步，因川为名，曰务川县。"可见乌江在唐代就被称为"务川"。

"务"是微母字，元代发音构拟为vu，但蒙古语没有v辅音，所以用一个相近的qu来代替，于是在后来转写时记成影母字"乌"，这便是乌江名称的来历。

（二）乌江源头及水系

乌江发源于贵州省境威宁县香炉山花鱼洞，流经黔北及渝东南，在重庆市涪陵区注入长江，干流全长1 037公里，流域面积8.792万平方公里。六冲河汇口以上为上游，汇口至思南为中游，思南以下为下游。

乌江有南北两源，南源三岔河，北源六冲河，习惯上以南源三岔河为乌江干流。

南源三岔河发源于贵州西部高原乌蒙山脉东麓，威宁县盐仓镇营硐村石缸洞，海拔2 260米。河源从石缸洞里涌出一股清泉，形成一条溪流。石缸洞距威宁县城约15公里，洞子呈不规则形状，面积约三四平方米，潭深米许，泉水清冽透底。约小碗粗的一股泉水汨汨流出石缸洞后，涌流500米，没于布满鹅卵石的河床，滴水不见。洞有一口千万年不断的泉眼，涌出的泉水形成小溪，一路集合大小支流，汇成乌江。

乌江北源位于赫章县辅处乡。

乌江水系呈羽状分布，流域地势西南高，东北低，流域内喀斯特发育。地形以高原、山原、中山及低山丘陵为主。由于地势高差大，切割强，自然景观垂直变化明显。以流急、滩多、谷狭而闻名于世，号称"天险"。

二、乌江百里画廊

酉阳有乌江流域和沅江流域两大水系，其中乌江位于酉阳县城西南边境，发源于贵州省威宁县，自沿河进入重庆酉阳万木、龚滩、彭水，至涪陵汇入重庆长江，全长1 070公里，乌江酉阳段约60公里，是千里乌江最精华的"乌江百里画廊"。

乌江百里画廊包括乌江干流酉阳县龚滩古镇至万木乡之间河段，以及自东向西倒流的乌江支流阿蓬江酉阳段，占地面积240平方公里，含龚滩古镇景区、阿蓬江漂流景区、清泉廊桥景区、马鞍城景区、万木永和寺、石林景区、三家阡石林、悬葬景区、长溪沟生态旅游景区。乌江百里画廊历史悠久，文化积淀深厚。龚滩古镇有1 700余年的历史；古代巴国蛮王洞建于战国时代；马鞍城是南宋金头和尚起义遗址；僰人悬葬是东汉南方少数民族僰人的风俗，巴人纤道历史久远，"惊涛拍岸""竹零诗龛"等文化遗迹积淀厚重，颇具研究价值。

乌江百里画廊民族风情异彩纷呈，是土家摆手舞之乡的西大门景区，是西兰卡普、蜡染的摇篮。古老的土家族背嫁哭嫁，独特的苞谷灯戏、面具阳戏、马马灯、民间青年男女表达爱情的木叶情歌，众多的民间的手工艺品，组成了当地独具魅力的民族风情。

三、盐油古道

乌江流域物产富饶，自古以来为川东与黔东北的重要运输纽带。秦国大将司马错曾率巴蜀将士十万，自乌江溯舟，取黔中郡，这是乌江航运最早的记载。公元前140年，汉武帝刘彻置涪陵县于今重庆彭水县郁山镇，把涪陵县上升为郡一级治所。晋控制蜀汉以后，准备进攻吴，又将乌江航运继续向上延伸。明、清以来到民国初年，乌江沿岸先后有商民捐资，凿滩疏浅，以兴盐利。

古时从四川、重庆运送盐，沿乌江逆水而上，进入贵州东部和湖南湘西；又将桐油、生漆、五倍子、木材等贵州土特产水运出境，促进了贵州政治经济文化的发展与进步，这种盛况持续了上千年，形成了一条历史悠久的"盐油古道"。

重庆彭水县郁山镇的盐丹，贵州思南县的桐油、石阡县的生漆和德江的木材等，都顺着乌江进入重庆。"装不完的郁山，塞不满的重庆"说的便是当时的情形。

乌江流域其地形属于典型的喀斯特地形地貌，高山峡谷密布，江河洞坑纵横，恶劣的地理环境孕育乌江流域人民艰苦奋斗、自强不息的精神，豪爽乐观的性格。

《史记·货殖列传》记载："巴寡妇清，其先得丹穴……名显天下，岂非以富耶！"描述了以巴寡妇清为代表的乌江流域人民对炼丹业的开发；汉初云阳人扶嘉父女掘白兔等9口盐井，开创了中国最早的盐场；1899年，邱寿安、邱翰章兄弟创制"榨菜"，小包装分送请人品尝，远走他乡张贴广告，艰苦的努力成就了如今的"涪陵榨菜"。

四、土司文化

乌江流域地处西南边域，在元明清时期，乌江流域曾有多家土司，统治着以彝族、土家族、苗族为代表的40多个少数民族。土司来源广泛，族属多样，传承历史悠久。

乌江流域的土司以武职为主，级别较高，宣尉史共9个，占总数的7.8%。势力强大，且桀骜不驯的土司或被中央政府消灭，或被分割成若干中小土司。明政府平定播州宣慰使杨应龙叛乱后，将其属地归流官治理；贵州水西安氏土司叛乱平定后，被分割成多个小土司。乌江流域中小土司数量较多，因无力对抗中央政府而长期存在。

土司起于元，盛于明，衰于清雍正朝，历史悠久。前后经历了数百年，对当地社会经济和文化产生了深远的影响。一方面，土司作为朝廷王臣管理辖地百姓，对维护西南地区稳定起了十分重要的作用。另一方面，兴办文教开化民众，土司积极向学重教推动了汉文化的传播，加快了民族地区移风易俗和开化民众的进程，为民族的进步和社会发展做出了贡献。

中央统治者认为土司久居边荒，不识教化不知礼仪，故往往多命令或鼓励土司积极向化。《清文献通考》卷五十九记载，康熙四十四年（1705年）"令贵州各州府县设立义学，土司承袭子弟送学肄业，以俟袭替，其族属子弟并苗民子弟，愿入学者，亦令送学。"明清时期对土司的文教有明确要求。乌江流域土司时期的办学形式，主要有官学、州县府学、卫学、义学、书院、社学等，并在民族地区逐步实行科考，甚至予以政策上的鼓励。

做一做

乌江文化知多少？

请以小组为单位，收集一种酉阳境内的乌江文化，整理并制作成PPT，在班级中进行展示。

第二节　酉水河文化

一、酉水河概况

酉水河，又称更始河，位于湘鄂渝交界处，为长江支流沅江的最大支流。发源于武陵山区，流域为土家族、苗族聚居地区，自源地流经宣恩（湖北）、龙山（湖南）、来凤（湖北）、酉阳（重庆）、秀山（重庆），至高桥入湖南省保靖县境，再经永顺、古丈、沅陵等县，全长477公里，流域面积18 530平方公里。

酉水河有南北二源：北源又称北河，是为主流。源出湖北宣恩县西源山，向南偏西流至湖南省龙山县境，复出境经湖北来凤、重庆酉阳，南流至重庆秀山的石堤；南源通称秀山河，源出贵州省松桃县山羊溪，北行经重庆省秀山县至妙泉纳龙潭河后，东北至石堤，至此南北源汇合，水量始增。

二、酉阳酉水河

酉水河位于重庆市酉阳土家族苗族自治县东部，发源于湖北省宣恩县，流经酉阳的大溪镇、酉酬镇、后溪镇三镇经重庆市秀山土家族苗族自治县辗转注入湖南沅江，最后流入洞庭湖。

酉阳境内全长81公里，平均宽度约12.5米。沿岸都是土家人的聚居地，是土家族的摇篮。

如诗如画的酉水河有"渝东南小桂林"的美称，笔架山林银子滩，三吾山下流清江，高碑夕照醉渔父，玉带深山尽喜狂。河岸春花灿烂，夏绿滴翠，秋枫绯霞，冬雪晶莹，伴以山雀噪动，鸣蝉鼓风，煞是宜人。一排排古朴苍劲的枫杨，一列列鳞次栉比的吊脚楼，一曲曲悠扬撩人的木叶情歌，一条条通往历史隧道的青石板路，回荡着土家族的无尽情韵，让人流连忘返。

风情万种的酉水河，恰似从远古走来的土家妹子，山赐予她清纯，水赋予她灵秀，那源远流长的民族文化，古朴典雅的摆手堂，悠扬动听的民歌、山歌、木叶情歌，古老的阳戏、傩戏，异彩纷呈的民族节日，奇特神秘的民族习俗，风味独特的民食文化，无不散发着特有的民族气息。

据考证，土家族是巴人的一支，楚人灭巴时，悲壮而豪放的土家先民们由湖北省顺酉水河而下长途迁徙。见此段河谷宽广，鱼儿戏游、两岸古木参天、野兽成群而停下脚步，在此定居，以捕鱼、贩盐、狩猎为生，与当地的仡佬族、苗族等兄弟民族一起学会了耕作，在酉水河两岸繁衍生息，正是这些勤劳勇敢、憨厚朴实的土家人，创造了独特的土家文化。

三、爵主宫——后溪摆手堂

清清的酉水河，孕育和滋养了土家人。酉水河畔的后溪古镇，至今保存着有数百年历史的摆手堂——爵主宫。

在土家人聚居的地方都有专门跳摆手舞的"廊场"，土家人叫"摆手堂"。河湾山寨的爵主宫，系彭姓土家人于清咸丰元年所建，有一百五十多年的历史，是渝东南地区现今保存最完好的摆手堂。为清代建筑风格，砖木结构，复四合院布局。其主体建筑有前厅、正殿、供台、厢房、前后天井和侧门等分左右两道正门，左边为"彭氏宗祠"，供奉彭氏历代先祖；右边为"爵主宫"，供奉"彭公爵主"，正门前是用青石板铺成的能容纳数十人跳摆手舞的长方形坝子，坝子的三周是雕刻精美的石护栏，石板上雕刻有麋鹿含花、喜鹊闹梅、凤穿牡丹和麒麟龙象等栩栩如生的景物。长潭"爵主宫"是今渝东南地区现存的唯一的与宗祠一体的土家"摆手堂"，是土王庙与宗祠相合的复合体，也是研究土家族原生文化的生存与变异轨迹的重要实物资料。"爵主宫"因主要祭祀彭公爵主而得名。彭公爵主就是湘西溪州刺史彭世愁。彭世愁因于后晋天福五年（公元940年）与楚王马希范共立记事铜柱于会溪坪而著称于史，是当时湘西著名的土家族酋领，传说马希范给彭世愁封了爵位，所以，后人尊称他为彭公爵主，今酉水河流域的彭姓土家人均视他为开山老祖公。过去一年一度的祭祀和摆手活动在此举行，因此，习惯上又把"爵主宫"称为"摆手堂"。

每逢土家传统节日和村寨婚丧嫁娶及祭祀等重大活动，土家人都会在摆手堂外燃起熊熊篝火，彻夜欢歌，跳起展现土家先民们劳作、生活、狩猎、作战等场景的摆手舞。摆手舞的舞蹈动作多是土家生产、生活、征战场面的再现，有表现打猎生活的"赶野猪""拖野鸡尾巴""岩鹰展翅"等；有表现农作的"挖土""撒种""种苞谷"等；有表现日常生活的"打蚊子""打粑粑""擦背"等；有表现出征打仗的"开弓射""骑马挥刀"等。摆手舞的舞姿粗犷大方，刚劲有力，节奏鲜明，土家人用牛头、猪头、粑粑、米酒、猪肉等供品祭祀过祖宗后就开始起舞。从天黑一直跳到天亮，有时甚至一连跳好几个通宵。还有一种在野外举行的大摆手舞，它是一种军功战舞，规模宏大，气势不凡。少则几人，多则万人，历时七八天不停息。

根据考古专家考证，后溪镇为重庆土家族舞蹈"摆手舞"的发源地之一，建于清代，距今已有100多年历史。摆手堂遗址也是市内保存最为完好，且具有研究价值的县级文物保护单位，是研究当地民族历史、社会发展的重要实物佐证。

四、酉水之歌——船工号子

酉水自古就是上游重庆酉阳和湘西龙山、中游保靖、下游永顺和古丈等地沿岸百姓通往外界的主要通道。《禹贡南条水道考异注》上记载酉水："上下皆大川，通舟楫。"夏商时期即有槽船在河中摆渡和进行短途运输。到了秦汉时期，酉水的航道已臻完善，船只运输已很普遍了。

酉水河谷狭窄水深，水势湍急，险滩频生。在20世纪70年代以前，船舶主要靠水流和风力推进，靠人力牵引。船工们在撑篙、拉纤、摇橹时要发出沉重的呻吟，在搏激流、闯险滩时要吆喝着统一节奏，集中力量。千百年来，逐渐形成了一种粗犷雄浑、高亢激昂、呼喊夹着歌唱的调子——酉水船工号子。

酉水号子与酉水航运同时诞生。据考证，已有六七千年的历史，酉水河面狭窄，滩险水急，船行其间险象环生，船工劳动强度大，在撑篙、拉纤、荡桨、摇橹过程中发出沉重的呻吟，不仅如此，为了搏浪闯滩，船工需要以吆喝统一节奏，聚集力量，亦需以此解除疲劳、放松身体。随着时间的推移和经验的积累，这种呻吟和吆喝声逐渐形成了酉水船工号子。它高亢激昂，催人奋进，不仅成为劳动中的行动号令，而且也成为船工们享受生活的旋律，是千百年来酉水船工在与险滩恶浪搏斗过程中创造出来的一种独特音乐，极富地域特色和民族风情。

酉水船工号子多达50余种，完整的篇章超过四千多句，三万多字，有调式各异的橹号子、桨号子、纤号子、滩号子和卸货号子，其品类之多、涉及面之广，为中国江河号子之最。

做一做

酉水文化知多少？

请以小组为单位，收集酉阳境内的一种酉水河文化，整理并制作成PPT，在班级中进行展示。

> 思考与练习

一、单项选择题

1. 关于乌江航运最早的记载在（　　）。
   A. 两汉时期 B. 三国时期
   C. 南北朝时期 D. 秦朝时期

2. 酉水河素有（　　）的美称。
   A. 渝东北小桂林 B. 渝西北小桂林
   C. 渝东南小桂林 D. 渝西南小桂林

3. 乌江得名于（　　）。
   A. 先秦　　B. 唐代　　C. 元代　　D. 现代

4. 酉水船工号子多达（　　）余种，为中国江河号子之最。
   A. 30　　B. 40　　C. 50　　D. 60

5. 酉水河在酉阳境内未经过哪个乡镇？（　　）。
   A. 大溪镇 B. 酉酬镇
   C. 后溪镇 D. 板溪镇

6. "千里乌江，百里画廊"中的百里画廊是指乌江（　　）。
   A. 黔江段　　B. 酉阳段　　C. 彭水段　　D. 涪陵段

7. "爵主宫"因主要祭祀（　　）而得名。
   A. 彭公爵主 B. 冉公爵主
   C. 白公爵主 D. 田公爵主

8. 乌江流域（　　）数量较多，因无力对抗中央政府而长期存在。
   A. 大土司 B. 中土司
   C. 中小土司 D. 小土司

二、判断题

1. 乌江流域的土司以武职为主。　　　　　　　　　　　　　　　　（　　）
2. 乌江有南北两源，南源六冲河，北源三岔河。　　　　　　　　　（　　）
3. 据考古专家考证，后溪镇为重庆土家族舞蹈"摆手舞"的发源地。（　　）
4. 酉水河为长江支流沅江的最大支流。　　　　　　　　　　　　　（　　）
5. 乌江流域物产富饶，自古以来为川东与黔东北的重要运输纽带。　（　　）
6. 乌江是长江上游最大支流河。　　　　　　　　　　　　　　　　（　　）
7. 在土家人聚居的地专门用来跳摆手舞的地方叫"廊场"。　　　　 （　　）

8.酉水号子与酉水航运同时诞生。　　　　　　　　　　　　　　　（　）

三、简答题

1.乌江百里画廊都有哪些异彩纷呈的民族风情？

2.酉水船工号子的调式种类有哪些？

3.为什么土家人习惯上把"爵主宫"称为"摆手堂"？

拓展训练

[实训名称]酉阳江河文化介绍

[实训场地]模拟导游实训室

[实训工具]3D模拟软件、电脑、投影仪、纸笔

[实训内容]模拟导游人员，对酉阳的江河文化进行讲解

[实训评价]实训评价表见表5-1

表5-1　　　　　　　　　　实训评价表

项目	分值	标准	自评	互评	师评	得分
仪容仪表	10	礼貌到位、精神饱满，妆容着装得体，符合导游职业规范要求				
普通话	20	普通话标准，语调自然，音量和语速适中，节奏合理				
语言表达	30	口齿清楚，语法正确，表达自然流畅；角度新颖，通俗易懂，生动幽默，富有感染力、亲和力，肢体语言得体				
内容合理	40	内容健康、完整、准确，重点突出，紧扣主题，与时俱进；结构合理，层次分明，详略得当，逻辑性强；文化内涵深厚，题材新颖				
总计	100					

第六章

酉阳的饮食文化

学习目标

知识目标：

1.了解酉阳美食有哪些以及它的由来。

2.理解酉阳美食的做法和特点。

3.掌握酉阳美食的适合人群。

技能目标：

1.能通过客人的语言、动作和服饰等分辨出客源地。

2.能熟练正确地进行菜肴推销。

职业素养目标：

1.具有良好的沟通和表达能力。

2.具备广泛的基础知识。

3.激发学生的爱国主义情怀。

案例导入

某天，讲解员小李接待了一个老年团，此团不含午餐，到了中午时间，作为讲解员，应该如何推荐适合他们的餐厅以及菜肴？

第一节　酉阳饮食文化概况

酉阳县接近低纬的亚热带地区，主要以山貌地形为主。由于山势崎岖，山高谷深，地势起伏大（如图6-1所示），因而随海拔高度变化形成立体性气候。由于地理条件复杂，气候温和，雨量充沛，全县的自然资源十分丰富，农作物主要有大米、荞麦、小米、豆类、玉米、红薯、马铃薯（洋芋）等，酉阳绵绵数千公里高山，乌江、酉水河、阿逢江夹杂着支流川流而过，数不尽的山珍野味和纯天然的绿色食材是大自然赐予的厚礼，而勤劳又善于创新的酉州儿女利用这天然馈赠创造了一道道土家美食，世代相传。

一方水土养一方人，酉阳地处武陵山腹地，四处环山，属亚热带湿润季风气候区，全年雨量充沛，湿气较重，为驱除湿寒，常年食辣；而由于交通不便，盐紧缺，所以用酸调味，酉阳人喜食酸，常说"三天不吃酸，走路打佘佘"；因存贮不便，所以喜腌制食物，因此形成喜食酸辣和腌制品这种独特的饮食习惯。

酉州地域辽阔，由于气候地域的不同，又分为酉东片区和酉西片区。酉东地域平坦，河流众多，代表美食有油茶汤、社饭、酿豆腐等；而酉西片区山陵较多，所以代表美食主要有绿豆粉、龚滩烧白、龚滩酥食、香菌、油粑粑、菜豆腐等。

图6-1　酉阳地区地貌

第二节 酉阳美食——特色菜肴

一、社饭

清《潭阳竹枝词》"五戊经过春日长，治聋酒好漫沽长。万家年后炊烟起，白米青蒿社饭香。"就是对土家人"过社"的真实写照。社饭是古代祭祀的一种饭食，主要是社日（即立春后第五个戊日）时吃社饭，是祭祀土地菩萨的日子，人们祈求来年五谷登，家运祥和，每到社日，家家户户都会出门遍寻野菜（如图6-2所示），回家制作，邀请亲戚好友共同品尝以求来年大家平安顺遂，也标志着进入春耕生产的

图6-2 野菜

繁忙季节。社饭是一道季节性非常强的美食，只有在每年的春季，野菜生长的季节才能制作，因为它的原材料主要是采摘的当季鲜嫩的野菜。

制作社饭的食材包括社蒿、鸭脚板、雀雀菜（荠菜）、野葱、野蒜、野芹菜 大米、腊肉、油炸花生米或黄豆（根据个人喜好进行添加）。

制作方法：米饭煮熟，野菜洗净剁碎，拧干水分待用，腊肉和豆干煮熟切丁，铁锅内放入油，将腊肉放入锅内炒出油，然后放入腊豆干、野菜翻炒至基本干水汽即可，可以和米饭炒着吃，也可蒸或焖制而成。

社饭混合着野菜的清香和腊肉的松香，味道鲜美，芳香扑鼻，松软可口，如图6-3所示。同时社蒿性苦，能治疗和预防痢疟降温解热防中暑之功效；鸭脚板有治毒疮、跌打损伤之功效；雀雀菜（荠

图6-3 社饭

菜）有利尿消肿、明目止血、降压、扩张冠状动脉之功效，所以社饭仅是一道传统美食，更是土家的一道传统药膳，其味道咸鲜可口，野菜香味扑鼻，老少皆宜。

二、渣海椒和灌海椒

海椒是土家人对辣椒的称呼，由于古代食品贮存条件有限，先民们依靠自己的智慧找到腌制、风干等存贮方法，渣海椒就是利用腌制的方法保存辣椒的一种方法，是将辣椒和包谷面完美结合的一道美食，在酉阳人民看来，它不仅是一道很有地方特色的美食，更是一种特色饮食文化的传承，土家族人将它作为一道待客名菜，它更是世世代代在这片土地上生活的人们的每顿必不可少的下饭菜，几乎每家都会制作渣海椒。

（一）渣海椒的制作

选择红辣椒洗净晾干人工剁碎，按比例倒入包谷面和盐搅拌，放入土坛里密封半个月就可以食用，这种美食是配菜的绝佳搭档，其特点是酸辣可口，有名的菜式有渣海椒回锅肉、渣海椒米豆腐、渣海椒腊肉等。渣海椒的制作成品如图6-4所示。

图6-4 渣海椒

（二）灌海椒的制作

与渣海椒异曲同工的就是灌海椒，它是将辣椒和糯米面进行搭配的一种食物，也是酉阳人民世代相传的一种美食。

灌海椒的食材如图6-5所示。灌海椒选择的是当代所产的大红辣椒，一样洗净，去掉籽和蒂，晾去水分，糯米面加入盐灌入辣椒里，然后放入土坛中腌制一个月就可以食用，取出腌制好的灌海椒，先上锅煮，然后切片，用油炸，装盘，这种美食颜色鲜艳，香糯酥脆，酸辣可口，是一道上好的开胃菜。

图6-5 灌海椒

三、土家酿豆腐

土家酿豆腐的历史渊源：这又是一道土家族的传统菜肴，相传当年明朝太子保兼吏、兵二部尚书的东阁大学士文安之来酉时，宣慰使冉玉岑在土司衙内用酿豆腐款待。文公尝后高兴地说："酿豆腐味美独具，可与皇宫御宴媲美，难得！难得！"文公边饮酒边吃酿豆腐，并吟诗一首："羽翰高骞道路赊，重来应识旧烟霞，客行有句怜苔藓，留伴春深木笔死。"冉玉岑对文公很敬重，步原韵和诗一首："春游纵辔野情赊，送客含怀对晚霞，灵石欲留东阁句，长教风雨洗苔花。"酿豆腐是土家族的传统食品，为土家族宴席上的"十大碗"佳肴之一。特别是土家山寨在婚丧、祝寿、修房建屋、生儿育女等场合，土家人都要用酿豆腐款待亲朋族友。

制作土家酿豆腐的食材包括豆腐、猪肉、姜、山奈、茴香、甜草、盐。

制作方法：将猪肉洗净剁碎，然后与姜、山奈、茴香、甜草及少许盐一起搅拌均匀备用；将豆腐改刀切成三角形小块，在将三角形豆腐块的底边划开一个小口，将搅拌均匀的肉馅塞进豆腐的口子里面；将锅烧热后倒入少许油，用小火逐一地把豆腐块有肉馅的一面煎至金黄；锅内加入高汤，将酿豆腐放入，用大火烧开后转中火煮10分钟左右入味即可，酿豆腐混合肉和豆腐以及山奈的香气，味道独特，酥嫩可口。土家酿豆腐的制作成品如图6-6所示。

图6-6 土家酿豆腐

四、菜豆腐（合渣）

兵荒马乱之年，粮食稀缺，过年时，勤劳的土家儿女将黄豆浆加入大量的青菜，极少的黄豆能做出一大锅菜，一家人能应付好几天，这道菜救了不少人的性命，所以流传"辣椒当盐，合渣过年，一条裤子穿它几十年……"的谚语，现在"合渣"只是土家人的一道家常菜。

土家人称制作菜豆腐为"推菜豆腐",首先将黄豆用水泡胀后,在石磨上一转一转地磨成豆浆,再将豆浆兑水放进锅,架火煮开,然后放进切好的菜丝,又煮开,放入卤块点清豆浆,就制成了一锅乳白带绿的菜豆腐,如果放几天,让其变酸,土家人称之为"酸合渣"。更加开胃,也可以在酸合渣中放油渣、辣椒、猪油、盐、大蒜等调料,架在柴火中猛煮后食用。菜豆腐的制作成品如图6-7所示。

图6-7 菜豆腐

有黄豆的豆香,又有蔬菜的清香,口味清淡,味道特别,与土家第一主食玉米饭是绝配,一粗糙一汤水,一干一稀,相得益彰。

五、土家酸鲊肉

酸鲊肉的历史已无实据可考。听祖辈们说的故事是,相传,蚩尤在与黄帝、炎帝的联合军队战败后,部落被四处追击,为了躲避追击到处迁徙。苗家的祖先作为蚩尤部落中的一支,被迫往南迁徙。在迁徙的路途中,宰杀的猪肉不能保存。一个妇女偶然将猪肉放入盛有大米的坛子里,过了不久,猪肉已微微发酸,但居然没有变坏,还香味四溢,于是,酸鲊肉就此诞生。而当地的人们在后来的日子里每逢家家户户杀年猪时,就将一部分当时吃不完的肉切成片,腌制后用熟米粉腌在倒扣坛里保存,要腌制到有一定酸味时才好吃,本地酸鲊肉的做法一般有蒸和煎炸两种,其肉脆酸香、粉润醇厚。

制作方法:将大米与八角、桂皮、砂仁、丁香、花椒籽一起放在锅中炒香炒熟至变成微黄色后起锅(如图6-8所示),将锅内所有的食材一起用石磨磨成粉待用;将五花肉洗净切成大小均匀的薄片,加入白糖、米酒、白胡椒、盐、姜米、蒜米、豆腐乳抹匀码味;将码好的五花肉和磨好的米粉一起拌匀,让米粉均匀地裹在肉的

图6-8 制作过程

表面后，装入土坛子里摆放好，用蒸过晒干的包谷壳封口，竹片成十字压紧坛口，倒转放置在有水的土盘上，25~30天后即成，制作成品如图6-9所示。

图6-9　土家酸鲊肉

六、土家老腊肉和香肠

人们在农历十二月合祭众神叫作"腊"，所以十二月又称为腊月，在农村，腊月是杀年猪的月份，由于贮存不便，家家将多余的猪肉腌盐挂于农村火铺上，或切碎灌洗净的猪小肠里，火铺升起的烟刚好熏烤到挂上的肉，经过几个月的持久的熏烤就形成了味道醇厚的老腊肉。

制作方法：取自家猪肉为原料，腌上盐、花椒、辣椒，腌制约一周取出风干，然后挂于火铺上用松树枝烟熏（如图6-10所示）。

烟熏出的腊肉不仅保持了鲜肉的丰富营养，而且瘦肉质感爽口、喷香化渣；肥肉晶亮透明、香醇甜脆，入吃不腻，回味绵长。《舌尖上的新年》专程到酉阳拍摄老腊肉。土家老腊肉的制作成品如图6-11所示，土家香肠的制作成品如图6-12所示。

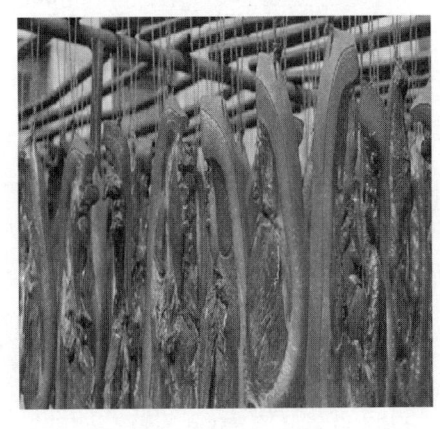

图6-10　制作过程

图6-11　土家老腊肉

图6-12　土家香肠

▶▶ **知识链接**

2016年由《舌尖中国》原班人马打造的贺岁影片《舌尖上的新年》是在重庆市酉阳县苍岭镇火烧溪石泉苗寨内"火烧溪赵明会农家乐"拍摄，苗寨民风淳朴，过年习俗完整，农家乐主人赵明会老人坚持用祖辈传下来的传统工艺烹饪，做的腊肉、香肠、鼎罐香菌鸡汤、夹沙肉、过水鱼、菜豆花、榨海椒等一桌"年夜饭"，是重庆继重庆火锅、小面后的又一美食名片。

第三节 土家美食——小吃篇

一、油茶汤

相传汉将军马援（伏波将军）当年驻扎酉阳，因当地多瘴气，使士兵的健康受到威胁，将军便用合茗叶、茱萸、芝麻等研成末，再加盐制成汤，供士兵饮用以防瘴气。后来当地百姓纷纷仿效，渐成习俗，遂演变成今天的"油茶汤"（如图6-13所示）。

图6-13 油茶汤

制作油茶汤所需的食材包括猪油、粗茶叶、米子、玉米、黄豆、苕粉、干豆腐粒、腊肉粒、姜、葱、蒜、盐、胡椒粉，油茶汤的制作关键是茶叶的质量和炸茶叶的火候，一定要使用专门的铁锅。

油茶汤有油有盐，油炸后的茶叶又香又甜，茶叶里的茶多酚、氨基酸和微量元素硒得到充分的释放，能补充人体所需的多种微量元素，具有开胃、提神作用；同时汤里有姜、蒜具有杀菌防暑的功效；有干果，有食材，起到提香和饱腹的作用。

制作方法：在铁锅里将米子、玉米、黄豆、苕粉炸好备用，加入猪油将粗茶叶炸蜡黄后，加水于锅中，并放上姜、葱、蒜、盐、胡椒粉等天然佐料，水一沸便舀入碗中，根据个人口味加入事先炸好的食材即可食用。

图6-14 汽汽糕

二、汽汽糕

汽汽糕，是酉阳历届美食节最受欢迎的美食之一，摊前时常可见食客排队购买的场景。汽汽糕是酉阳传统特色糕类食品（如图6-14所示）。在酉阳县龙潭镇流传历史悠久，已难追溯其根源。其以优质的龙潭大米为主料，用石磨磨成浆，放入木盆，经特殊工艺发酵之后，放入特制磨具，再用大火蒸。拌以豆面、红糖、芝麻，吃之化渣，老少皆宜。

三、土家绿豆粉

土家绿豆粉历史悠久大致分为两大派系，渝东南的绿豆粉和鄂西南的绿豆粉，以绿豆、大米、黄豆，经"泡、磨、烙、烫"四道传统工序制作而成，制作过程及成品如图6-15所示。土家绿豆粉清热解暑，吃了不上火，口感好，老少皆宜，食用方便，煮炒皆可，非常受人青睐。土家人不止爱吃绿豆粉，爱做绿豆粉还依赖绿豆粉，土家文化讲究圆圆满满，圆不仅能圆气生财，而且代表团团圆圆。因此在制粉的时候，就要有意识地将豆浆在锅沿上划圆圈，当然这样做的目的也是技术上的需要。土家人介绍说：开始是摸油，摸一点菜油在锅底，再将米浆装在漏豆中一圈一圈地转，这样熟得比较快，又好吃。因绿豆粉粉香味鲜，粉制细腻，更继承了绿豆清热消暑，凉血解毒的特性，是排毒养颜的佳品，备受诸多女性的倾爱。逢年过节，走亲访友，招待客人，绿豆粉因味美和制作方便成了土家人的首选。目前，这一具有浓郁土家风味的食品，被列入了国家第二批非物质文化遗产目录。

图6-15 土家绿豆粉的制作过程及成品

四、龚滩酥食

重庆酉阳的龚滩古镇已经有1 700多年的历史，每年端午节前，古镇上的居民，家家户户都有做酥食的传统，做酥食非常考究，将精选的糯米炒熟，绿豆按比例混合，加入白糖蜂蜜混合均匀的糖放入磨具里，用芝麻点缀，用一根圆木棒压制面粉将其拓印成形，再用竹片把表面削平，然后用圆木棒轻轻敲拓印的四周，敲打至可以把拓印好的成形面粉倒在竹筛子中（如图6-16所示），酥食制作完成（如图6-17所示）。

图6-16　制作过程　　　　　　　　图6-17　龚滩酥食

五、酉阳土家油粑粑

相传张古老、李古老开辟天地到一半时，气力耗尽，无法继续工作。此时神灵指点道：吸收日月精华可恢复气力。于是张古老吸收日之精华、李古老吸收月之精华，后人为了在做农活时及时补充体力，效仿张古老李古老，将自己的口粮做成日月的形状和颜色，逐渐演变成今天的油粑粑（如图6-18所示）。

图6-18　油粑粑

油粑粑的历史起源已不可考。油粑粑体积小，便于携带，食用方便。早期土家族人将它作为农活时的干粮。由于油粑粑味道好，且营养充分，能够及时补充人的体力，遂走上了土家族人家的餐桌，成为主食的一种。现在城乡各地油粑粑摊成为了一道特色风景。

将糙米和黄豆按3∶1的比例用清水隔夜浸泡至发胀（以泡出豆香和米香为宜），用石磨磨成浆，加入适量的盐、胡椒粉和花椒粉；将浆倒入定制的提子里，中间放入馅料，放入热油中炸至金黄色（如图6-19所示）。外酥里嫩，色泽金黄。

图6-19 制作过程

六、土家米豆腐

"米豆福"（谐音），有幸福吉祥之寓，是酉阳人民最喜爱的美食之一，以前只在街边小摊售卖，现在俨然成为大餐馆酉阳人必点的一道开胃菜。将本地大米浸泡然后磨成浆，放入热锅中加入石膏让其凝固，然后盛入小碗中，手工做成又糯又香的米豆腐，在扣倒于盘中，淋上调制好的辣椒汁，撒上些葱花，一道开胃菜就制作完成（如图6-20所示）。其因味道麻辣酸鲜，软糯可口，物美价廉而被人们所喜爱并世代相传。

图6-20 米豆腐

七、酉阳斑鸠豆腐

斑鸠豆腐由来有个美丽的传说：酉州有一位勤劳善良的姑娘，所处村子闹饥荒，村民都以野菜树根充饥，有天，她山里挖野菜，中午时刻，又饿又渴，就来到小溪边，喝水，突然发现一只漂亮的梅花鹿在小溪的对岸吃斑鸠树叶，她想如果能够将树叶变成一种美食该多好，正想着，对岸突然坐了个老爷爷，老爷爷告诉她，用斑鸠树叶做成豆腐，并告诉她制作方法，她拜谢老爷爷，等抬头一看，老爷爷不见了。她这才恍然大悟，原来是神仙在指点她。姑娘赶紧采了好多斑鸠叶，回到村里就用村边的井水按照老爷爷说的方法果然做成了斑鸠豆腐，请好多人来尝，大家都觉得这豆腐清凉爽口。因此斑鸠豆腐又名"神仙豆腐"。

斑鸠豆腐的制作过程如图6-21所示。将制作好的斑鸠豆腐切成小块状，淋上调制好辣椒汁，一份颜色翠绿，晶莹剔透，麻辣酸鲜的消暑开胃小吃就完成了，看见它保证你食欲大开，垂涎三尺。

图6-21　制作过程

除以上广为流传的美食，自制梅菜扣肉、荞面、苕子面、龚滩香菌肉丸子汤等都是传统美食。

【本章小节】

民以食为天，推荐美食，不仅要知晓其味道，还要知其原材料、烹饪手法、营养构成，诱人的美食往往能让人终生难忘，流连忘返，要根据不同的客源类型推荐符合其饮食习惯的美食。

思考与练习

一、填空题

1. 立春后的第_____戌日为春社日，戌日属土，是祭祀土地菩萨的日子，家家都做_____吃。
2. 有黄豆的豆香，又有蔬菜的清香，口味清淡，味道特别的是_____美食。
3. 人们在农历十二月合祭众神叫作"腊"，所以_____又称为腊月，腊月杀猪熏的肉叫腊肉。
4. 酉阳古代由于食物存贮不便，所以喜_____食物。

二、单项选择题

1. 酉州地域辽阔，由于气候地域的不同，又分为酉东片区和酉西片区，酉东地域平坦，河流众多，不是酉东片区美食是（　　）。
   A. 油茶　　　　B. 社饭　　　　C. 酿豆腐　　　　D. 菜豆腐
2. 与土家第一主食玉米饭是绝配是指（　　）美食。
   A. 茶汤油　　　B. 酿豆腐　　　C. 合渣　　　　　D. 社饭
3. 做成日月形状，外酥里嫩，体积小，便于携带，食用方便。早期土家族人将它作为农活时的干粮的是（　　）。
   A. 汽汽糕　　　B. 米豆腐　　　C. 油粑粑　　　　D. 酥食
4. 酉阳人喜食（　　）的饮食习惯。
   A. 麻辣和腌制品　　　　　　　B. 酸辣和腌制品
   C. 酸甜麻辣　　　　　　　　　D. 酸甜辣
5. 颜色翠绿，晶莹剔透，麻辣酸鲜的消暑开胃小吃是（　　）。
   A. 汽汽糕　　　B. 斑鸠豆腐　　C. 米豆腐　　　　D. 绿豆腐

拓展训练

[实训名称] 酉阳饮食文化介绍

[实训场地] 模拟导游实训室

[实训工具] 3D模拟软件、电脑、投影仪、笔纸

[实训内容] 模拟导游人员，对酉阳的特色饮食文化进行讲解

[实训评价] 实训评价表如表6-1所示

表6-1　　　　　　　　　　　　实训评价表

项目	分值	标准	自评	互评	师评	得分
仪容仪表	10	礼貌到位、精神饱满，妆容着装得体，符合导游职业规范要求				
普通话	20	普通话标准，语调自然，音量和语速适中，节奏合理				
语言表达	30	口齿清楚，语法正确，表达自然流畅；角度新颖，通俗易懂，生动幽默，富有感染力、亲和力，肢体语言得体				
内容合理	40	内容健康、完整、准确，重点突出，紧扣主题，与时俱进；结构合理，层次分明，详略得当，逻辑性强；文化内涵深厚，题材新颖				
总计	100					

第七章

酉阳非物质文化遗产

学习目标

知识目标：

1. 了解酉阳在非遗项目有哪些。
2. 理解土家摆手舞和木叶情歌的由来。
3. 理解酉阳古歌和地方戏曲的种类与特点。
4. 掌握土家摆手舞动作讲解和吹木叶情歌的技巧。

技能目标：

1. 能掌握一些基本的舞蹈动作和唱歌技巧。
2. 能熟练跳土家摆手舞并具有一定的指导技巧。
3. 能熟练演唱土家民歌并能进行对唱。

职业素养目标：

1. 具有语言组织和表达能力。
2. 培养爱国主义情怀。
3. 培养良好的职业道德和行业规范。

案例导入

小李和小王两个学生在教室产生争执，老师上前询问，小李说酉阳有摆手舞和民歌2个国家级非物质文化遗产，而小王说，不对，酉阳只有摆手舞1个国家级非遗项目，两者争论不休，你认为他们正确吗？

酉阳有"土家摆手舞、酉阳摆手舞""酉阳民歌""酉阳古歌"3个国家级非物质文化遗产项目、以酉州苗绣、浪坪传统织雕技艺等市级非物质文化遗产项目28个、县级非物质文化遗产项目198个。

第一节 民间舞蹈

一、土家摆手舞

2002年，国家文化部（现为国家文化和旅游部）授予酉阳"中国民间艺术（摆手舞）之乡"称号，2008年6月7日，酉阳土家摆手舞被列入国家级非物质文化遗产名录，酉阳被称为"中国著名的摆手舞之乡、中国著名的原生态旅游胜地和中国著名的土家族文化发祥地"。从此摆手舞成为酉阳走出大山、走向世界的名片，成为酉阳的金字招牌。

（一）土家摆手舞由来

土家族是古代巴人的后裔，而巴人是喜爱歌舞的民族。《后汉书》记载，巴人跟随周武王伐纣时，前歌后舞的巴人军阵大败殷兵；秦末刘邦反秦，巴人以巴渝舞勇挫秦兵；明嘉靖年间土司兵抗倭寇，大跳摆手舞，乘倭不备，大败倭战，立下赫赫战功。后来，这种兵战舞蹈逐渐演变成土家的祭祀文化活动，形成了今天的摆手舞。表演涉及人类起源、神话传说、民族迁徙、古代战争、狩猎捕鱼、刀耕火种、生产劳动、饮食起居等社会生活的方方面面。酉阳摆手舞历经挖掘、整理、培训、普及、提炼和推广等阶段，形成了老摆手、新摆手、摆手操等摆手舞系列。

（二）摆手舞的意义和地位

摆手舞是土家族最主要的标志性文化形态，已有千年历史，是以摆手为基本动律特征的祭祀性舞蹈，是土家人祭祀神灵、酬报先祖和传承民族文化的重要形式。在酉阳，风情万种的土家摆手舞融歌、舞、乐于一体，是酉阳土家族最大的民俗文化活动。

（三）土家摆手舞的舞蹈动作组成

土家族是有语言没有文字的，它古老而悠久的历史文化主要是靠世代传承的土家摆手舞作为载体符号，被记录延续下来，所以又称为土家族的"荷马史诗"。

摆手舞舞蹈动作由劳动动作和生活动作组成，是将人们生活中的动作艺术化，生动地展现土家儿女劳作生活，用舞蹈世代相传下来。

劳动动作有：挖土、薅草、丢种子、播种、栽秧、薅秧、割谷、打谷子、挑谷子、推磨、舂米、簸簸箕等；共同生活动作有：下腰求神、四面作揖、观音坐莲、龙凤呈祥、白鸽展翅、单摆、双摆等。

二、土家茅古斯舞

（一）茅古斯由来

茅古斯，土家语称为"古司拨铺"，大意即"浑身长毛的打猎人"，汉语多称为茅古斯或毛猎舞。茅古斯是对原始生产生活情景的生动再现，通过形体、动作模拟创造土家先祖原始生产生活和原始先祖形象，通过运用道具、音响虚拟原始人生活场景，通过歌、舞、念、做、打创造原始群居生活，通过舞台设计虚拟原始人生活空间。属土家族流传至今的古老的表演艺术之一。主要于每年岁首参与土家族摆手舞中作穿插性表演，也有在一定场合单独表演。

（二）茅古斯地位

茅古斯舞是土家族古老而原始的舞蹈，是舞蹈界和戏剧界公认的中国舞蹈及戏剧的最远源头和活化石，从其服饰、道具到表演形式、表演内容，茅古斯真实地再现了父系社会初期至五代时期土家人的渔猎、农耕生产生活及婚姻习俗状况（如图7-1所示）。

图7-1 茅古斯舞

（三）茅古斯表演形式

"茅古斯"们赤身裸体的肌肤上扎满了茅草，每股五块，一块扎腰间如裙状，一块前遮胸、盖背，两块如肩裙分系在左右臂，一块作头套以蒙面。腹前捆有一条尺余长并用红布包头的草把，结草为衣以示先民不会织布做衣，腹前所捆之物代表人类自身生产一种的繁衍工具，象征男根。化装完毕后，在草树下候场。在摆手进行了近一个时辰时，那时人们舞兴正浓，突然平地里一声"呵——喝"，候场的茅古斯们轰然入场。此刻摆手者必须立即停止，一边迅速让路，一边口念"祖先爷爷来了"，随即表演迅入高潮。

在观看时，我们可以清晰地听见悉悉卒卒的声响，那是茅古斯表演者全身在不停地抖动，所穿草衣发出的声响。他们行走时用碎步进退，左右跳摆，摇头抖肩，这种动作叫"里立克斯"（土家语抖跳蚤）。

（四）茅古斯舞蹈动作

茅古斯基本舞蹈语汇为摇摆，有快抖快摇、边抖边摇等。"茅古斯"们高昂激越的音腔，似鹰长啸，粗犷神骏，充分体现了土家族人民嫉恶如仇、淳朴善良的品质，让人们领略到五荒时代的原始艺术之美。

▶▶ **知识链接**

关于茅古斯，有一个美丽动人的远古传说。古时候，传说有一位土家族青年独自下山去学习农耕技能，学成后急于赶回山寨传授技能，一路风餐露宿，一身衣服被山林中的荆棘撕扯成碎片，待他回到山寨时正逢土家过赶年，寨中男女老少正在举行盛大的节日庆典。他衣不遮体，不敢露面，只好躲在杂草丛中观看，不料被人发现，他便急中生智扯了一些茅草披在身上，走进人群中，用舞蹈的形式向乡亲们传授所学到的农耕技能。后来，土家人为了纪念这位传授农耕技能的先祖，每逢还愿、祭祖、丰收、节庆时，都要跳起欢快的茅古斯。

第二节　酉阳民歌

一、酉阳民歌的地位

酉阳民歌独具民族特色，是具有广泛性、群众性、流传性的一种民间文艺形式。2008年6月7日，酉阳民歌与酉阳土家摆手舞一起，被国务院列为第二批国家级非物质文化遗产名录。

二、酉阳民歌的种类

酉阳民歌从歌词内容分为：劳动歌、爱情歌、闲情歌、苦情歌、哭嫁歌、红军歌及新民歌等。目前广为流传的有劳动歌、爱情歌和闲情歌。

（一）劳动歌

劳动歌是在劳动生产过程中所唱的一种山歌民歌，分为劳动山歌和劳动号子两大类。大多用来抒发劳动中的苦、乐心情，统一劳动动作，激发人们的劳动兴趣，也兼有传授劳动经验，盼望风调雨顺，祈求丰收的内容。不用任何乐器伴奏，随口而歌。以"薅草锣鼓"和"船工号子"最具代表性。

（二）爱情歌

主要表现青年男女对爱情的真诚和勇敢追求的精神。它在酉阳民歌中占有很大的分量，内容大多是抒发追求、初恋、热恋、别离、相思时的感受，分为独唱、对唱和一问一答等形式演唱（如图7-2所示）。如：在酉阳广为流传的一首"木叶情歌"，女唱"大山木叶烂成堆，只因小郎不会吹，几时吹得木叶叫，只用木叶不用媒。"男唱"高山种荞不用灰，哥妹相爱不用媒，用得灰来荞要倒，用得媒来惹是非……"三言两语便道出了青

图7-2　爱情歌

年男女对纯真爱情的追求和渴望摆脱封建束缚的迫切心情。

(三) 闲情歌

是劳动之余,将其闲情逸致,抒发而歌,或盘歌对答,或幽默讽刺,自得其乐,这些充满闲情的山歌民歌,生活气息浓郁,妙趣横生,引人入胜,表现了土家、苗、汉各族人民活泼开朗的乐观主义精神。其中著名的有"盘歌"和"扯谎歌"等。如:"我从来不唱扯谎歌,你看风吹岩(石)头滚上坡,早晨看见牛生蛋,黑了看见马砌窝。"

>> **知识链接**

哭嫁歌,新娘在出嫁的前夜都要哭嫁(如图7-3所示),对象主要是直系血亲和旁系姻亲,边哭边诵。哭诵现成歌词,也有即兴而歌。如哭父母、叔伯、兄嫂、姊妹、媒人、梳头、辞祖、上轿等。歌词一般为七字句,押韵,句数多少不等。曲调婉转凄苦,十分感人。除哭诉离情外,也有对封建婚姻制度的强烈反抗等内容。

图7-3 哭嫁

第三节 酉阳古歌和戏曲

2011年5月,"酉阳古歌"被国务院批准为第三批国家级非物质文化遗产名录,列入民间文学项目类别的非物质文化遗产。

一、酉阳古歌

1. 酉阳古歌由来

酉阳古歌是在祭祖祭拜、祈求丰产等活动中吟诵或唱诵的文辞,是南方古文化在武陵山区延续和衍变的产物,风格诡谲,大约有6000年的历史,其源头可以追溯到上古时代,是劳动人民长期积累的自然知识和社会知识的总汇,其演唱场面如图7-4所示。

图7-4

2. 分类

酉阳古歌承载远古神话,分为神灵类和生活类,以民俗活动为载体,融合诗、歌、乐,用吟诵和吟唱两种方式,传播宇宙知识系统和群体生存技能。

▶ **知识链接**

土家族最大的民俗活动——跳摆手舞,程序分请神、祈神、酬神、送神,内容包括人类起源、民族迁徙和英雄传说等,后者为家庭性的驱邪还愿活动,包括申文请圣、迎兵架桥、请水箌灶、悬幡解邪、回神安香、扫荡踢刀等程序章节。虽然时间和空间不同，念诵吟唱的形式和内容不尽相同，但都充满巫风色彩，对世界寄予美好的愿望。

做一做

试着跳一跳土家摆手舞，学习对唱土家民歌和古歌。

本章小结

酉阳是重庆市幅员面积最大、少数民族人口最多的山区大县，也是非物质文化遗产（以下简称"非遗"）资源大县。在漫长的生产生活实践活动中，勤劳勇敢的土家、苗、汉等各族人民创造和积淀了丰富多彩的民族民间文化，是中国历史文化重要组成部分。

思考与练习

一、填空题

1. 土家族是_____后裔。

2. _____是以摆手为基本动律特征的祭祀性舞蹈。

3. _____为酉阳土家族、苗族人居住生活的场所，半为陆地，半为水。

4. 土家人喜食_____食品。

5. 土家族最大的民俗活动_____。

二、单项选择题

1. 2011年5月，"酉阳古歌"被国务院批准为第三批国家级非物质文化遗产名录，列入民间文学项目类别的非物质文化遗产。

   A. 酉阳古歌　　　　　　　B. 土家摆手舞
   C. 酉阳民歌　　　　　　　D. 酉州苗绣

2. 土家族的"荷马史诗"的是（　　）。

   A. 酉阳古歌　　B. 土家摆手舞　　C. 酉阳民歌　　D. 酉州苗绣

3. （　）是土家族古老而原始的舞蹈，是舞蹈界和戏剧界公认的中国舞蹈及戏剧的最远源头和活化石。

   A. 土家摆手舞　　B. 茅古斯舞　　　C. 阳戏　　　　D. 阴戏

第八章

酉阳桃花源

学习目标

知识目标：

掌握世外桃源、太古洞、酉州古城、桃花源广场、金银山国家森林公园的相关景点知识。

技能目标：

1. 能根据酉阳桃源相关景点知识进行导游词创作并模拟讲解。

2. 能鉴赏讲解词。

职业素养目标：

1. 培养学生的人际交往能力。

2. 培养学生良好的职业习惯与职业道德。

》案例导入

讲解员小王明天要接一个老年旅游团来桃花源进行一日游,他准备了导游旗、讲解员证、小蜜蜂等,还认真地规划了时间,上午9点入桃源景区,12点出桃源。在这过程中,小王一路健步如飞,笑脸相迎,热情高涨,小王自认为自己服务很好,但是在游客意见评价表中,却看到了中评。

思考:1.为什么会出现这样的情况?

2.小王还有哪些地方是可以改进的?

酉阳桃花源景区于2012年成功申报成5A景区,是重庆市第四个5A级景区,主要由世外桃源、太古洞、酉州古城、桃花源广场、金银山国家森林公园等几大部分组成,是人们所向往的精神家园,也是陶渊明笔下的世外桃源。

第一节 世外桃源

一、石牌坊相关景点

(一)石牌坊的来历

石牌坊是汉族传统建筑中非常重要的一种建筑类型,用石材修建的牌坊,是封建社会为表彰功勋、科第、德政以及忠孝节义所立的建筑物。也有一些宫观寺庙以牌坊作为山门的,还有的是用来标明地名的。牌坊又名牌楼,为门洞式纪念性建筑物,宣扬封建礼教,标榜功德。牌坊也是祠堂的附属建筑物,昭示家族先人的高尚美德和丰功伟绩,兼有祭祖的功能,牌坊更被海外当作汉族文化的象征之一。

(二)石牌坊讲解词

一阙上书桃花源的石牌坊古朴厚重,上面"桃花源"三字是当代著名作家马识途先生手迹,石坊上有两副当代著名诗人流沙河先生所题楹联。第一副"时光隧道今通古,桑竹田园主娱宾",描述了桃花源仿佛上古圣人之世,人与人和睦相处,和谐相待。第二副"无影无踪渔郎路志,有根有据陶令文章"概括了武陵渔人发现桃花源的故事,指出世外桃源就在酉阳的根据便是陶渊明的著名文章《桃花源记》。

(三) 桃花源石碑的意义

石碑是把功绩勒于石土,以传后世的一种石刻。一般以文字为其主要部分,上有螭首,下有龟趺。遗物中有名的,有汉碑"孔庙碑"[在山东曲阜,延熹七年(164年)建];六朝有梁忠武王碑(在南京附近)等。参见"碑碣"。石碑一般作为纪念物或标记的竖石。多镌刻文字,意在垂之久远。这里的桃花源石碑上刻着桃花源记也就是把陶渊明先生这种对美好生活的向往精神刻在上面,让后人学习。

(四) 桃花源石碑讲解词

这块石碑上面刻写的是陶渊明的《桃花源记》和他的生平简介。陶渊明出生于东晋哀帝兴宁三年(365年),字元亮,又名潜,因宅边种植五棵柳树所以自号五柳先生,谥号靖节先生,浔阳柴桑人,即今江西省九江市星子县人,是我国东晋著名文学家、田园诗人。在中国文学史上,陶渊明与屈原、李白、杜甫并称"屈陶李杜"。生活于汉末三国之后的战乱时代,目睹并亲历了颠沛流离的生活。而桃花源则是他用浪漫主义的大手笔构造了一个没有纷争、宁静和谐、自我管理、丰衣足食、怡然自乐的理想社会,反映了他对和平宁静、幸福美好生活的向往,也体现了他对和谐人生归宿的积极追求。

二、桃花溪相关景点

(一) 桃花溪

当年的武陵渔夫黄道其正是沿着这条"芳草鲜美,落英缤纷"的小溪逆流而上,发现了世外桃源。"桃花溪"畔桃树成林,一到春天,桃花盛开,落英缤纷,溪水流红。溪水清澈见底,溪水里夏天有螃蟹,春天有蝌蚪,秋天有落叶,冬天有寂静。每一个季节桃花溪都有不一样的景色。

(二) 桃花溪畔景点

1. 换装处

据《史记》记载,秦人所穿的服饰是"宽衣袍带",这是上至王宫贵族下至平民百姓的一种流行服饰,男子穿宽大袍衣,女子穿褶裙。

汉服是汉族服饰的简称,主要是指明末以前,在自然的文化发展和民族交融过程中形成的汉族服饰。汉服作为一种独立服饰体系,在历史的传承与发展中,形成了独特的文化背景和民族风貌,即形成了鲜明的风格特色。汉服历史悠久,涉及地域广阔,因此纷繁复杂,不同的时期融合了不同的文化特色,在不同的时期又有着不断的变化。古人对汉服的界定标准用以下文字进行表述："上溯炎黄，下至宋明，汉（先秦时期则为华夏）族人民所穿着的服饰为基础，并在此基础上自然发展演变而形成的一种明显具有独特风格的一系列服饰的集合。"

2. 问津亭

渔人在桃花源内小住了一段时间，出来后，欲再寻桃源，重回桃源仙境。这里便是渔人黄道其再寻桃源时的问路之处。南宋有位诗人谢枋得在此题写了脍炙人口的诗词"寻得桃源好避秦，桃红又是一年春，花飞莫遣随流水，怕有渔郎来问津"。因此，将眼前这古色古香的小亭子取名为"问津亭"。

亭子在中国的历史十分悠久，但古代最早的亭并不是供观赏用的建筑。如周代的亭，是设在边防要塞的小堡垒，设有亭吏。到了秦汉，亭的建筑扩大到各地，为地方维护治安的基层组织所使用。《汉书》记载："亭有两卒，一为亭父，掌开闭扫除；一为求盗，掌逐捕盗贼。"魏晋南北朝时，代替亭制而起的是驿。之后，亭和驿逐渐废弃。但民间却有在交通要道筑亭为旅途歇息之用的习俗，因而沿用下来。也有的作为迎宾送客的礼仪场所，一般是十里或五里设置一个，十里为长亭，五里为短亭。同时，亭作为点景建筑，开始出现在园林之中。

在众多类型的亭中，方亭最常见。它简单大方。圆亭更秀丽，但额枋挂落和亭顶都是圆的，施工要比方亭复杂。在亭的类型中还有半亭和独立亭、桥亭等，多与走廊相连，依壁而建。亭的平面形式有方、长方、五角、六角、八角、圆、梅花、扇形等。亭顶除攒尖以外，歇山顶也相当普遍。

三、大酉洞相关景点

（一）大酉洞的得名

大酉洞是自然形成的，属中国南方典型的喀斯特溶洞，形成于二叠纪时代，距今有3亿年。在1 000多年前的唐朝就有书记载了，当时有一个文学家段成式著有一书《酉阳杂俎》，有"大酉藏书"的记载，大酉洞因此而得名。该洞系石灰岩溶洞，高、宽约30米，长约180米。右上方崖壁上的"桃花源"三个大字，笔力遒劲，是著名作家马识途先生所书。

（二）大酉洞相关景点

1. 仿佛若有光

《桃花源记》中有"林尽水源，便得一山，山有小口，仿佛若有光。"大家站在这里，顺着我手的方向看去，是不是能看见一个山洞口呢？或许大家会觉得疑惑，如此大的一个山洞口怎么能被称作小口了？这就跟西历变迁有很大关系，以前这里是天然形成的一个小洞穴，洞口周边全是参天古木，洞口很小。在修建319国道的时候，为了方便运输，我们在里面设了个石油仓库，所以就将洞口的古木移去了别的地方，并且将洞口炸开了一些，所以就形成了我们现在所看见的洞口。

2. 洞口仙桃

大酉洞洞口呈一个"桃形"，我们可以把它想象成存在了几亿年"长生不老"的"万古盘桃"或者"道家寿桃"，这就是桃花源的唯一标志，它的存在充分证明了桃花源与"桃"的深厚渊源。桃花源里自古种桃，而且桃树来历神奇。

3. 观音坐莲

大酉洞石壁上有一观音造像，这尊观音是洞内钟乳石天然形成，因此大酉洞也被当地人叫作观（音）岩洞。观音菩萨神态安详，手持净瓶，仿佛正向善男信女布道讲法。观音菩萨是佛祖四大弟子之一（普贤、文殊、地藏、观音），相传观音菩萨有三个生日：农历二月十九，出生；六月十九，入道；九月十九，修成。因此每年农历的二月十九、六月十九、九月十九，都有大批善男信女来此朝拜。有诗曰："与天同寿庄严体，历劫明心大法师。"

4. 石室藏书

段成式在《酉阳杂俎》中写道：秦时有人避乱隐居于此学习，在酉阳山下石穴中藏书千卷，并称之为大酉藏书，这也是大酉洞名字由来的一个说法。左手边有一条古老而蜿蜒的栈道，这是洞穴里面最大的秘密，也是《酉阳杂俎》中记载的大酉藏书之地了。公元前221年，秦始皇统一六国，建立中国历史上第一个中央集权的封建王朝，而在公元前213年秦始皇为了巩固自己的地位和统一人们的思想文化，大量焚烧六国史书、坑杀儒生，这一事件在历史上称为"焚书坑儒"，当时便有一群咸阳儒生，背负诗书、携妻带子从当时的秦朝都城出逃，经汉中（陕西省汉中市）顺嘉陵江而下，至江州（重庆），沿乌江逆流而上来到龚滩古镇，辗转来到桃花源，从此与世隔绝，据《酉阳直隶州总志》记载："有秦人，负书籍，辗转来酉，为避秦皇焚坑之祸。"州志上的记载与《桃花源记》文中写到的"自云先世避秦时乱，率妻子邑人来此绝境，不复出焉，遂与外人间隔。问今是何世，乃不知有汉，无论魏晋"内容十分吻合。清咸丰年间，酉阳州官罗升到此游览，在洞顶上发现秦人竹简隐藏于此，便于洞壁上题写了"太古藏书"的四个大字。虽然时过境迁，风雨剥蚀，至今仍清晰可辨。

四、美池相关景点

（一）咸阳桥

太古藏书的时刻下面的这座桥叫作咸阳桥。传说当年逃到这里的咸阳儒生，因为日久思念故土，也为告诉子孙记住父辈从哪里来此绝境，就将这座桥如此命名了，如同国外的华侨聚居地通称"唐人街"一样。同咸阳桥名称来历一样，桃花溪上还有几座桥，分别叫作汉中桥、剑阁桥、江州桥等。

（二）桃木神剑

站在咸阳桥的位置，向大酉洞方向一望，那洞口却犹如一把插于天地之间的巨型"刀剑"，取名桃木神剑，显示了大自然的鬼斧神功。

相传这把桃木神剑是用桃花源"桃宫神树"之木炼制而成。酉阳桃花源的"桃花"，演变为中国本土道教之"圣花"，而且，用桃树做成的"桃木剑"，也同时被尊为中国本土道教镇教之宝可以降妖除魔的"桃木神剑"。

（三）美池（含桃涧亭）

美池中有桃涧亭和桑竹廊。桃涧亭取自阳春三月，桃花瓣飘落溪中，随溪而流，宛若"桃涧流红"；桑竹廊取"桑竹田园"之意。赏尽世间繁华，最美还是桑竹农家。这种清新自然，恬静纯美的生活才是桃源人永恒的追求。

生活在此地的桃源人每天日出而作，日落而归，每天劳作于田地间，却很怡然自得。这里的每一砖、每一瓦、每一景、每一物都有他们的来历和故事。

就如美池边的几位老人，她们是世世代代生活此地的桃源人，对这里有着说不清道不明的情怀和眷恋，因为害怕被人打扰，也向往外面的世界，每当有人来到此地，他们就会"问所从来"用一种特别的方式来表达对大家的爱和欢迎，同时也给我们展示了书中所描写的"山中无甲子，寒夏不知年；桃源待一日，世上一千年"。

（四）世外音韵

美池中央的桃花岛上衣袂飘飘的女子正在演奏的是古筝，早在战国时代，在秦国（现陕西）一带广泛流传，又名秦筝。算起来，它已经有2500年以上的历史了。战国时期盛行于秦地，李斯的《谏逐客书》述及秦国乐舞："夫击瓮，叩缶、弹筝、搏髀，而歌呜呜快耳者，真秦之声也。郑卫桑间，韶虞、武象者，异国之乐也。"

右边的房屋内向各位展示了秦时的部分乐器，根据文献记载和出土文物显示，秦时的乐器包括吹奏、弹拨和打击三种主要类型，其中吹奏类有埙（xūn）、笙（shēng）、竽、笛、箫、篪（chí）籥等，弹拨类有琴、瑟、箜篌（kōng hóu）、筝、琵琶等，打击类有磬（qìng）、钟、鼓、缶、筑等。中国传统音乐艺术发展至秦，已经有了很高的成就，除了各种形制不一的乐器，还有高山流水遇知音的琴师伯牙、余音绕梁三日不绝的歌姬韩娥等高水准的艺人。春秋早期韩国的韩娥姑娘，可算是那个时代的一线歌星了。她的铁粉在《列子·汤问》中记录了韩娥善歌的事实：韩娥路过齐国都城临淄，没了盘缠。低调的韩娥就在都城的雍门前卖唱，那歌声仿佛天籁，路人一秒转粉。在众多粉丝的经济支援下，韩娥终于有钱离开齐国了。听过她唱歌的人们都感觉她的歌声总是围着屋梁回旋，一连好几天都没有消失。

五、秦村相关景点

（一）秦村

秦村的房屋古色古香，都是村民的住宅，人们世世代代生活在这片快乐的土地上，繁衍生息。桃源人好客，"每逢客至，必设酒杀鸡作食"，热情款待。当年武陵渔夫来到了世外桃源，也是在此小住数十日才离去的，出去后背信弃义，将发现桃花源的秘密告诉了太守，太守遣人随其往，遂迷，不复得路，后遂无人问津。千百年来，今天的桃花源一直未被外界所打扰，成为人们所向往的精神家园。

左侧是起居室，案几上摆放着针线、丝、麻品，我们可以联想到女主人在给家人缝补衣服的场景。房屋的另一侧是米酒铺。来到桃花源，各位贵宾不要拘束，一定要大碗喝酒，大碗吃肉。游客朋友们，有没有闻到一股肉香扑鼻而来呀？这是桃源人听说有外人到访，正准备设酒杀鸡款待大家。

秦汉居民，除少数采用承重墙结构外，大多数采用木构架结构。墙壁用夯土筑造，屋顶多系悬山式顶或囤顶。每个房间都有窗，形式分方形、横长方形、圆形，甚或三角形等多种多样。窗棂以斜方格的最为普遍，也有作垂直密列型的，然而此类窗大多狭小而长。为室内明朗起见，有的还特设许多小窗，四面均有，有时竟连成一个大长条窗了，不过其间用窗柱分隔而已。此类民居都有一个以墙垣构成的院落。而"日"字型住宅，则有前后两个院落，中间一排房屋较高大，正中有耸起的楼屋，前后是较低的配房。

(二) 养蚕房

孟子曾提到"五亩之宅，树之以桑"，在我国农业社会，桑农经济是一个国家的主要经济来源，《桃花源记》中写道"复行数十步，豁然开朗，有良田美池桑竹之属"，在这里我们能体验到桃源人栽桑养蚕的过程。

春蚕到死丝方尽，它说的是蚕奉献了自己。蚕的一身都是宝。它的丝做衣服，蛹可以食用，蚕沙又可以做药用。人类养蚕的历史可以追溯到新石器时代，约5000年前，养蚕的始祖是黄帝之妃，叫嫘祖。

(三) 碾坊

在距今7000多年前的河姆渡时期，我们的祖先就开始种植农作物，需要把谷类从谷壳中分离出来，人们就开始使用石臼舂米。到了春秋战国时期，鲁班师傅对此进行改良，就形成我们眼前看到的"石碾"。在封建社会的时期，人们不是用牲畜来碾米，而是用家里的奴隶来给谷物去壳。人们每天都会用石碾子给谷物去壳，还可以将它碾碎打成粉末，制作出当时秦人最爱吃的干粮—"糁"。大家都可以去免费试吃，如有喜欢还可以打包带走。

(四) 九氏嘉谷

此处映入眼帘是一栋栋别致的茅草屋，三面土墙，朝院子一面留门窗，房顶盖成人字的一撇，这里的建筑风格跟外面的建筑是完全不同的，这是因为当年的桃源人地处关中地区，据说因关中少雨，这样盖房子呢是让珍贵的雨水流到自家的田地里，正所谓"肥水不流外人田"。《周礼》记载"以九职任万民，一曰三农生九谷"，我们现在经常说五谷丰登，但在秦晋时期，主要的粮食作物有9种，分别是黍稷秋稻麻大小豆大小麦，这九谷正是杂粮之物，是美容养生的佳品。这房梁上所挂着的就是小麦和大麦，其实关于麦子还有一个故事。晋景公晚年的时候，身体一直很不好。有一日，晋景公做了一个噩梦。晋景公的梦中有一个披着长头发的恶鬼，他一边拍打着自己的胸膛，一边对晋景公骂道："你杀光了我的族人，这是不仗义的行为，我要杀了你。"晋景公醒来后就召巫师进宫来为他占卜，巫师占卜完后认为晋景公吃不到新麦子了。于是，晋景公就派人去秦国请名医医缓来医治。在医缓来医治前，晋景公又做了一个梦，在梦中有两个小孩子，一个小孩子对另一个说"医缓要来了，我们可能要完蛋了。"另一个小孩回答说："没关系。我们只要藏到肓之上，膏之下，那么他就不能伤害到我们了。"等到医缓来了，看过晋景公的病后，医缓对晋景公说了跟梦中小孩一样的话，认为晋景公的病已经无药可治，病入膏肓了。晋景公听后认为医缓是一个名医，就派人将他送回秦国了。不久后,晋景公让人献上新麦子,他要拿来煮饭吃。正准备吃新麦子的时候,晋景公忽然肚子疼,便去如厕,但没有想到就这样掉进粪坑里被淹死了。

六、酒坊相关景点

(一)喫茶

关于茶的起源,陆羽在《茶经》中记载:"茶之为饮,发乎神农氏。"《神农本草经》也中写道:"神农尝百草,日遇七十二毒,得茶而解之";这一说法认为茶最初是作为药用进入人类社会的,这是有关中国饮茶起源最普遍的说法。茶之为用,最早从咀嚼茶树的鲜叶开始,发展到生煮羹饮的,甚至秦时饮茶,有佐以佐料的习惯,故饮茶初为喫茶。茶叶中所含的茶多酚、茶色素、茶多糖、Y-氨基酸等成分有消除自由基、改善脑补血液循环、增强细胞代谢能力等功效。说这么多让人头疼的名词,其实只是为了告诉大家适当地喝茶有美容养颜的功效,可以减缓衰老。

(二)酒窖

秦统一六国前,因年年征战国力不足,酒的酿制和饮用多用于军营御寒和鼓舞士气,西安秦始皇陵兵马俑中完全不穿铠甲的陷队之士和云梦睡虎地秦简的记载,证实了酒在秦军作战时的重要作用。六国统一后,物产逐渐丰富起来,酿酒技术得到提高,饮酒风气开始盛行,酒的种类也开始多了起来。当时的酒类多以粮食为原料,如黍(shǔ)酒、稻酒、稗(bài)米酒、秫酒等,少量的酒类以水果为原料,如甘蔗酒等。酿酒的过程中有时还配以香料,并开始出现以配料命名的酒,如菊花酒、椒酒、柏叶酒等。

(三)曲水流觞

曲水流觞是中国古代民间的一种传统习俗,后来发展成为文人墨客诗酒唱酬的一种雅事。夏历的三月上巳日人们举行祓禊(fùxì)仪式之后,大家坐在河渠两旁,在上流放置酒杯,酒杯顺流而下,停在谁的面前,谁就取杯饮酒,意为除去灾祸不吉。这种传统历史非常古老,最早可以追溯到西周初年,据南朝梁吴均《续齐谐记》:"昔周公卜城洛邑,因流水以泛酒,故逸《诗》云'羽觞随流波'。""曲水流觞"主要有两大作用,一是欢庆和娱乐,二是祈福免灾。永和九年(353年)三月初三上巳日,晋代贵族、会稽内史王羲之偕亲朋谢安、孙绰等42位全国军政高官,在兰亭修禊后,举行饮酒赋诗的"曲水流觞"活动,被引为千古佳话。这一儒风雅俗,一直流传至今。

(四)酒坊

时至今日桃源人酿酒依旧会采用在酿造过程中,连续投料的方法,以保持一定浓度的糖分,使酵母菌充分发酵,从而增加酒的醇厚。秦时的酒度数不高,喝多了,不一定会醉,但肚子一定会胀到不行。所以在这里如果有人请您喝酒,千万不要迟到,迟到会被罚酒,罚酒时会让你"饮一经程"。经程为酒器,犹一瓶。《韩诗外传》有记载:"齐桓公置酒,令诸侯大夫曰:'后者饮一经程。'管仲后,当饮一经程。饮其一半,而弃其半。"而且如果请您喝酒的人来自中山(今河北定州),名叫狄希的话,您真的不能迟到,或者干脆不要应约,因为狄希罚酒一经程可能会让您醉回现代。传说狄希会酿造一种"千日酒",喝了这种酒可以醉上一千日。有个叫刘玄石的人便去狄希那儿要酒喝。狄希开始担心他会醉死,不让他喝。但是刘君执意要喝,没有办法狄希只好让他喝。结果,刘玄石喝一杯醉三年。

七、躬耕园相关景点

(一)青艾坊

艾草、菖蒲和蒜被称为"端午三友",又被称为"三种武器",古人认为可以退蛇、虫、病菌,斩除妖魔。青蒿古名,意为治疗疟疾之草,在桃源人避难于此之时,青蒿和艾草就是必备药材,青蒿外用可以止血,其水煎剂对多种细菌有抑制作用,挥发油对皮肤癣有疗效。获得诺贝尔科学奖的屠呦呦博士,她研发的青蒿素被誉为中国神药,对疟疾的治愈率高达百分之九十七,而全球青蒿素的近一半都出自酉阳,因此咱们酉阳也被誉为青蒿之都。

艾绒,是用艾草捣碎制成的,艾绒可以制成用于艾灸的艾条,可以温经祛湿。

(二)躬耕园

"采菊东篱下,悠然见南山""晨兴理荒秽,带月荷锄归"是陶渊明辞官归隐之后的真实生活。随着现代生活节奏的加快,人们多多少少都会厌倦都市的纷繁,向往与世无争、自由自在的生活。而这"方宅十余亩,草屋'一两间',榆柳荫后檐,桃李罗堂前"的景象便成为人们对生活的一种向往。

农家小院,是桃花源人的真实生活写照,人们每天日出而作,日落而归。闲暇之时就会研究各种美食,这里有用野菜做的"社饭",还有肉夹馍、窝窝头、锅贴豆腐等。酉阳吃社饭是有讲究的。每年立春后的第五个戊日为春社日，这一天前后，家家户户都要煮社饭吃，以示过社，标志着进入春耕生产的繁忙季节。将各种野菜（社蒿、鸭脚板、雀雀菜、野葱、野蒜、野芹菜等）洗净剁碎，焙干，与腊豆干、腊肉干等辅料掺合糯米（可掺部分粘米，但需先将粘米煮成半熟后掺入糯米）蒸或焖制而成。可现煮现吃，也可事后炒着吃。

（三）秦趣

秦时游艺项目分为智力游戏和体育游戏，智力类游戏多为各种棋类活动和猜谜、讲笑话。主要项目有对弈、射覆、隐语、蹴鞠、投壶、角抵、禽兽竞斗等。由于景区场地限制，体育类游戏建议采取投壶、角抵等形式展现，如选取蹴鞠，以表演蹴鞠技巧为宜。

射覆：是一种猜物游戏。《汉书·东方朔传》："于覆器之下而置诸物，令暗射之，故云射覆"。隐语：将要表达的意思用拆字等形式用另一字面表达的形式即为隐语。隐语在社会上层和文人中颇为流行。有的隐语以诗的形式留载史册，与射覆相比，隐语是一种要求发散思维活跃的游戏。

（四）竹艺

最初人们为了将食物及饮水存放起来，就地取材，使用各种石斧、石刀等工具砍来植物的枝条编成篮、筐等器皿。后来发现竹子富有弹性和韧性，而且能编易织，坚固耐用。于是竹子便成了当时器皿编制的主要材料。在殷商时代，竹藤的编织纹样丰富起来，出现了方格纹、米字纹、回纹、波纹等纹饰。到了春秋战国时代，竹的利用率得到扩大，竹子的编织逐步向工艺方面发展，竹编图案的装饰气味越来越浓，编织也日见精细。1980年西安出土的"秦陵铜马车"底部铸有方格纹，这方格纹就是根据当时竹编席子编织的方格纹翻铸的。桃源人的竹编则是以实用性为主，装饰性为辅。

八、陶公祠相关景点

（一）陶公祠

1. 陶公祠整体布局结构

陶公祠为桃花源第三个村落，这里可供人们读书、写字、品茶、赏乐。整个陶公祠采用的是当地最具特色的吊脚楼建筑。分上下两个阶梯，第一个阶梯主要有陶渊明雕塑、陶公学堂。第二个阶梯主要有陶公祠的主要核心参观区，陶公祠左边主要是呈现丝绸和西兰卡普的地方，也是一些旅游商品主要展示和交易区。

2. 陶公祠相关景点解说

（1）陶渊明雕塑。陶渊明先生塑像，他头戴帛巾，身穿袍衣，左手抚须，右手拿书，好似在思考下一首诗怎样创作。陶渊明先生一生有三大最爱，菊花、喝酒、作诗。"采菊东篱下，悠然见南山"短短几个字就让菊成为陶渊明先生的代名词。

（2）陶公学堂。秦朝初设博士之官，掌管全国教育，因多爱批评时政，丞相李斯提出："不师今而学古，以非当世，惑乱黔首"，并批评私学的存在，"私学而相与非法教，人闻令下，则各以学议之"。秦始皇采纳李斯意见之后，取消并禁止办私学，要求希望学习的人"以吏为师，以法为教"。然而在桃花源这个无政府的小天地里，文化的传承从来都没有停止过，这里便是桃源孩子们读书的学堂，桃源人为避难来到此地，在此繁衍生息，过上了自给自足的生活，文化的传承在这里从来都没有停止，耕读传家是他们的祖传家训，他们在这里将桃源礼仪和文化一代一代地传承。

（3）陶公祠堂屋。堂屋门口有一副楹联："地远离尘俗得洞前流水陌上飞花此地堪寻彭泽宰，祠幽通古今看晋代衣冠秦时风月先生曾记武陵源"。此联通篇没有提陶渊明先生的名字，也没有提到"桃花源"三个字，但陶渊明先生的性情和他心目中的桃花源清晰可见。

堂屋是这户人家最尊贵的地方，用于招待客人、供奉祖先，主持家庭会议。堂屋中间供奉的是陶渊明先生，中间有一副楹联，"为人高洁难自弃，隐在山林怀式微"道出了其不为五斗米折腰的高风亮节的气节，隐在山林还在担心天下，体现其"先天下之忧而忧，后天下之乐而乐"的情怀。

（二）五柳廊

因为陶渊明自号"五柳先生"，故将此廊取名"五柳廊"。这有一首诗（《归园田居·其五》）也特别有意思。

怅恨独策还，崎岖历榛曲。山涧清且浅，遇以濯吾足。漉我新熟酒，只鸡招近局。日入室中暗，荆薪代明烛。欢来苦夕短，已复至天旭。

诗中的意思是：扶着拐杖，从崎岖弯曲的山间小路回来，先在山涧小溪中洗一洗走得发热的脚。然后斟满一壶酒，宰杀一只鸡，请来邻居，共饮几杯。太阳下山了，就用火把照明。这首诗展示了淳厚自然的人情关系，表现了陶源明善于挑选富有诗意的题材，对田园美和田园生活美的敏锐观察力。他通过细腻的描写，体现了他的诗歌平淡自然与深厚醇美的统一的风格。

（三）桃源人家

眼前这户竹篱小院，是当年渔人来到桃花源后做客的第一户人家，听说有外人到访，桃源人咸来问讯，经过一方交谈后，就叫人备上一壶清茶和一碗桃蘌粉热情地款待渔人。非常荣幸，我们今天也能在此做一回桃花源的客人。打个招呼，叫阿姨备上一壶桃花茶，煮一碗红薯粉，静下心来细细地品味桃花源。

眼前这叠盆景观，它不仅用于景观摆设，更多的是聚集了村民的勤劳和智慧。这里的红薯粉，它是用人们用红薯淀粉纯手工制作，而红薯淀粉它需要水浸泡，而且每天必须换一次水。这里的人们学会了就地取材，将淀粉放在木盆里，让山泉水从木盆的上方缓缓流下，既美观，又保持了红薯粉的干净。

（四）铁匠坊

中国是世界上最早掌握冶铁和铸铁技术的国家，早在春秋战国时期已经广泛运用。在民间，铁器坊也称"铁器铺""铁器社"。铁器铺里，通常有火炉、风箱、铁砧、大锤、手锤、铁钳、水桶、浇铸模具等必备的铸铁工具。铸铁时，先将要锻打的铁器放在火炉中，通过高温烧红，然后移到铁砧上，按照要锻打的产品模型（如锄头等），进行锻打、淬火，这样反复数次，即可锻打出所需的铁器产品。浇铸铁器时，则要先将器物模具做好，将高温熔化的铁水注入模具，冷却后再翻砂、打磨。从铸造刀剑等兵器，到制作犁、耙、锄、铲、斧、镐、镰等农具，再到制作锅、鼎、菜刀、刨刀、剪刀、门环、泡钉、门插等日常生活用品。铸铁技术的发展深刻影响了人们的生活。

而在500多年的时间里年年征战的秦国，当军队还在使用青铜兵器厮杀的时候，就鼓励农民大量使用铁制农具，以立法的形式保护耕地，标准化地管理农业生产。这也许就是秦国年年征战的强有力保障，也是后来秦国实现大一统的最大原因。

第二节 太古洞

一、秦人足迹相关景点

（一）高山流水

举头上望，就可以看到洞中飞瀑，在整个太古通道中，瀑布众多、形态各异。看到这些石瀑布，不由得让人想起唐代诗人李白的"飞流直下三千尺 疑是银河落九天"的诗句来。同时也会想到伯牙和子期一曲高山流水遇知音的故事，希望大家今天也能在桃花源内遇到自己的伯牙或子期。

（二）秦人足迹

1. 解说词

一双双古人的脚板，是神奇的大自然赐予我们的礼物。它们好似勤劳朴实的桃源人从远古走来，激情满怀地奔向美好的未来。肤色淡黄的它们，是炎黄子孙的脚；筋骨可见的它们，承负了先民勤劳朴实的一生；常洗洗泡泡的它们，表明讲究卫生是我们中华民族的传统美德。

2. 形成原因

岩石里面有水渗透下来，由滴水形成钟乳石，当水滴到脚面的时候，刚好位于地下水的水平面，钟乳石顺着水流而生长，当地下水下降以后，脚板就出露至今。

（三）雪域湖

眼前这块空地，据说桃源人曾准备将它用作耕地，由于洞内没有阳光，种子不能生长，再加上水常年平缓流动，水中的碳酸钙沉积，就形成眼前所看到的边石坝景观。它又好似一片袖珍型湖泊，一个个紧密相连，仔细一瞧，又像我们梳妆用的镜子，里面还会有我们的影子。

（四）秦人巧手

1. 解说词

在我们的对面就有一双芊芊玉手，右手的中指上还带了一颗好大的钻戒，好似把当时秦国最大的宝贝带到了桃花源。通过它我们可以想到女主人的美貌、朴实和智慧。正可谓是"春葱玉指如兰花,三寸金莲似元宝"。

2. 形成原因

滴水慢慢结晶生长成钟乳石,后水量增大,转换成面状流水,流水对钟乳石的溶蚀就慢慢地形成小手指,而在生长的过程中,洞口方向有微风吹过来,就形成"秦人巧手"景观。

(五) 灵龟献寿

前面有一只神龟探头探脑地,正准备爬过来和大家打招呼。龟和鹤在中国传统文化里是长寿的象征和延年益寿的代表。古书《述异记》云:龟千年生毛,五千岁为神龟,万岁为灵龟。我们眼前的这只神龟快3亿岁了。希望从它身边路过的你们都能好运连连,长命百岁(这块石头还是一块多面石,这边过来回头换个角度看,它又变成了一朵巨大的石莲花,在这太古洞中静静地绽放,可谓是妙趣横生)。

二、老翁护航相关景点

(一) 地心溪流

眼前这条潺潺流淌的小溪,它是桃源中人的生命源泉,这里的水清澈而干净,矿物质含量极高,可以直接饮用。这条溪流会经过桃花源汇入酉城河。我们顺着这条溪流一直往前走,就能找到我们心中的世外桃源。

(二) 火焰山

桃花源的意趣在于一个"谜"字,旧秦人自迷其路,渔人欲自而迷,武陵人的寻觅之谜。桃花源因此成为人们追寻和向往的一方净土,但是寻找世外桃源的路程是非常艰难的,我们还得过五关斩六将,上刀山下火海。前方是火焰山,它好似一条火龙横卧在那,赤红色的砂岩在璀璨的灯光下灼灼发光,炙热的气流滚滚上升,宛如万道熊熊燃烧的烈火,我们将此景取名为"火焰山"。

(三) 老翁护航

前方缓缓出现一位老者,在此为我们指引前去的方向,也向我们讲述着远古时期的故事。大家看看对面的水文边槽。每一个边槽的大小就标志了当时水流的大小及地下水的停留时间,还有地壳的若干次变化。据地质专家朱学稳教授考证,在很多年前,我们现在所走的这一块是被地下水覆盖的,由于地壳上升,地下水下降,就逐渐形成眼前所看到的峡谷景观。慢慢地走进老者，可以看见他的眼睛、鼻子、头上还有两个大包，这个包可就有讲究了。现在我们说谁脑子有包，那就是说这个人脑子有病，骂人的意思。但在以前，这个包可是被称为智囊，里面装的是智慧，是很聪明的意思。如《西游记》里面的太白金星、太上老君等头上都有个包。所以，朋友们，以后别人再说我们脑子有包的时候就不要再生气了，那是在夸我们呢！

（四）古石灵芝

桃花源内住的是一群不堪忍受秦始皇统治和压迫的秦朝人，而秦始皇一生有两大心愿：第一是统一六国，这个在他生前已经实现，第二就是长生不老，他为了彰显自己的功绩和寻找长生不老药，生前先后五次巡游列国，最后一次浩浩荡荡巡游到河北沙丘的平台宫时，因劳累过度而离开了人世，结束了自己传奇的一生。而秦始皇寻遍了一生都找不着的长生不老药俗名叫太岁，学名叫作肉灵芝。所以，不管是过去还是现在，这石灵芝都是非常珍贵的，它和古桃源的青蒿、艾草被誉为"桃源三宝"。

（五）秦人斗豪

看前方那根高大的石柱耸立在地下河的一旁，大家可以发挥下你们的想象，看看它是否像一支毛笔的笔尖，下面还有一个大大砚盘，想象桃源内住的是一群读书人，笔墨纸砚是人们必备的工具，他们要将太古洞的沧海桑田记录于此，让我们再一次去探寻它的足迹。

三、祭祀大厅相关景点

（一）祭祀大厅

这里是太古洞中最大的厅，容积约 80 万立方米，直径约 130 米，高约 88 米，走到此处，给人的印象就是特别的宽大宏伟，而且造型独特。这里以前是桃源人用于祭祀祖先和庆祝丰收的场所。因为当时秦人地处关中地区，关中平原干旱少雨，他们认为洞穴位于天地之间带有灵气，因此也会在洞穴举行一些这样的仪式。大家再仔细观察就会发现洞顶的上方有一组 X 型交错点，将洞顶分成两个部分，人们将他理解为白色为阴，黑色为阳，正可谓是"一元生两仪，两仪生四象，四象生八卦"，但凡从外面来到这里的人，都相信心诚则灵，所以这里也叫"心悟太极"，大家可以在此敬天地、思先祖、悟五行、想四方。

(二) 太古石林

前方好似一片原始森林，几乎每个人走到此处都会惊叹，这里的石笋大小参差不齐，倒挂于绝壁之上，美轮美奂好像犹如置身于人间仙境一般，大家千里迢迢地来到此地，看到了这样的美景，一定不会给旅途留下任何遗憾。

(三) 君威在帽

秦时兼并战争，汉时边患不断，有将军，就有太平，这句话适合说给那个年代听。眼前的这尊石乳，名为"将军帽"。可以拿它来纪念窦宪、李广、蒙恬、卫青等将军。大军出征，能否气势如虹，一靠不到军旗，二听鸣鼓吹角，三看将军头上的帽子，如果将士看到将军帽在战乱中起起伏伏，顿时料到将军奋勇在先，将士大受鼓舞，定能浴血沙场。

(四) 金童玉女

眼前这两根金银剔透的石笋，是太古洞中的金童玉女。大家可以猜猜哪个是金童，哪个是玉女。

他们俩是桃源人婚姻和爱情的象征，当时光荏苒，当年华不再，当最初的激情回归平淡，忽然发现，最稳妥的感情不是海誓山盟，不是千回百转，而是像他们一样，相濡以沫，结伴直至终老。

(五) 天上人间

走过来之后，我们便来到了太古通道中的第二个大厅，大家可以在此稍作休息，也不妨抬头仰望上方，上方那一望无际的天空中由一条银河将它分割成东西两个部分。上面皓月当空，繁星点点如梦似幻。在各位的面前，出现了一只玉兔，玉兔趁嫦娥不注意就悄悄地跑了出来，望着这梦幻般的夜空，久久不愿离去，便永远定格在此处。

四、水母龙宫相关景点

(一) 锦绣山河

走到此处，我们好似来到了一个灯火辉煌的繁华都市，街道两旁店肆林立，淡淡的夕阳普洒在街道的两旁，给眼前这座小小的城市增添了几分朦胧的诗意。行走其中，车马辚辚，人流如织。犹如置身于一幅色彩斑斓画卷之中，禁不住停下脚步，让时光短暂停,去倾听人们笑容背后的故事。

(二)千年之约

1. 解说词

在我们的面前是一对相守千年的夫妻,他们看似相见在即,却又遥遥无期,后来妻子把对丈夫的思念都化作了眼泪,彼此相互约定,时光不老,我们不散,这也许就是爱情当中的沧海桑田、海枯石烂吧!而正前方又是一位慈祥的母亲,怀里抱着两个小宝宝,坐在小树旁沐浴着清晨的阳光,而在我们的左上方有人席地而坐,有人久思对弈、饮酒作乐,他们把世外桃源的那种与世无争、自由自在的生活展现得淋漓尽致。

2. 形成原因

从上往下长称为石钟乳,从下往上长称为石笋,连在一起的称为石柱,钟乳石生长速度100年长1~2厘米,经过几万年的结晶风化,就形成了锦绣山河壮丽景观。

(三)宇宙洪荒

1. 解说词

在各位的右前方又出现了一幅宇宙洪荒的景象,这些巨大的块石都是千百万年前从上方洞顶坍塌下来的,仿佛是宇宙混沌初开之时一片浑浊的景象。也像孙悟空大闹天宫之后留下的一片残局。也有的游客说这仿佛像一个古代战场,上面依稀可见当年秦兵英勇杀敌的情景。烽火硝烟之后,城池残破斑驳。众人四散流离,当年的桃源人正是为了躲避秦时战乱来到桃花源的,来到桃花源之后,从此告别战争,在此安居乐业,过上了新生活,正如前方滴落的滴滴水珠,水是生命之源,孕育了新的生命,得到了重生。

2. 形成原因

在岩石顶部细小的裂缝,缝隙中有水常年从洞顶流下,对洞顶石壁发生溶解和风化,上方岩石超过本身稳定的强度,遇到地震、地壳等外力原因就会发生崩塌,形成"宇宙洪荒"景观。

(四)桃源心镜

1. 桃源心镜

这是藏在桃花源的心腹的一面镜子,是大地清澈的内心,也是桃源的内心,里面返照着每个人的心事。李白能在里面看到他与汪伦的友情,比千尺桃花潭水还要深。深到水镜的底部,和厚实的大地连到了一起。崔护能在里面看到去年的人面桃花相映红，看到自己的思念之情随春风往来，年年不息，朋友们，你们现在屏住杂念，凝神看看，在这桃源心镜中，你心里住着的过去、现在与未来，多美好啊！

2. 桃源人家

这里是桃源中人的一个小客厅，在客厅的上方，有一盏莲花吊灯，把整个客厅装饰得金碧辉煌。上方是由滴水形成的石钟乳，当水滴到地上，就会形成由下往上长的石笋。看看眼前这些错落有致的石笋展现在我们面前，我们就好像来到一个美丽而和谐的桃源时代，眼前是一个个幸福的家庭，有三口之家、五口之家，男欢女爱，其乐融融。

（五）龙宫水母

大家看看眼前这些并蒂连接的钟乳石造型，形如水母。水母的下面还生长了很多细小的珊瑚，给他们提供着丰富的营养。从岩溶地质学上来说，水母是由面状流水和线状流水组合形成的，而这些细小的珊瑚是由非重力水从岩石底部渗透出来，慢慢结晶所形成的石花。

（六）古人遗迹

一路走来，在我们的左手边会发现很多圆形的土坑，它可不是自然形成的，是古人用来熬硝的硝坑。他们会将熬出的硝土通过这条秘密通道运到外面的集市上去变卖，再买一些平时需要的生活用品回来。岩石的中间有一些小小的裂缝，洞穴开发时，古人类学家黄万波教授在这里发现了一些青铜器、兽骨的化石。研究发现，这个洞穴很早以前就有人类活动的痕迹了。

第三节 酉州古城

酉州古城全长 1.3 公里，以土家文化为载体，集土家建筑、历史文化、民俗风情于一体，通过打造土家映像雕塑馆、土司城、土家图腾墙、摆手堂、土家傩戏楼、苗家宜居茶肆等建筑物来展示酉阳八百年州府的恢弘历史。在这里可以领略酉阳八百年州府文化和丰富多彩的土家文化，是"土家建筑博物馆"，土家族的"清明上河图"，是了解土家文化的必游之地。

一、酉州古城的历史

（一）盐油古道的历史

蜀道难，难于上青天，而酉州更是层峦叠嶂，陆路不发达，靠水域运货，再靠脚夫背运，古道因盐而兴起，而盐油由涪岸沿线盐道沿乌江抵龚滩，再由盐工用背经由龚滩—丁市—酉城—龙潭然后分散到鄂、湘、黔，酉州古城是盐道的必经之地，盐道既推动了酉州经济发展，也成为传播文化的媒介。

（二）古城的由来

据酉阳直隶州总志记载，酉州古城建于明洪武年间，是酉阳第十二代土司冉兴邦修建的土司衙门，历经十代土司修缮，一度成为西南三省交界处的政治经济文化中心。到雍正年间，酉阳土司改土归流逐渐荒废，直到抗日战争爆发，因工事紧，修建的川湘公路从废弃古城穿城而过，中华人民共和国成立后改成 319 国道，自此古城从人们的记忆中慢慢消失了。今天的酉州古城，是伴随桃花源景区开发作为景区的食、行、购、娱、宿于一体的配套设施于 2010 年复建的。

二、酉州古城的组成

（一）古城楼

古城楼不再是为了抵御外敌而建，而是展现土苗文化而建，古城南北两端各自建造了古城楼，由城墙、城楼、亭构成，湖广总督张之洞书写的"酉州"两字题于城楼拱门正上方，苍劲有力，代表蓬勃发展的酉州。在两端各有一座观望台，观望台上旌旗飘扬、大鼓屹立，战时作为烽火台，闲时作为祈祷之用。

1. **不老泉的由来**

某土家女子生性善良勤劳，但婆婆恶毒，由于当地缺水，她每天翻山越岭去挑水，并且经常帮助村里孤寡老人，感动了上仙，上仙送了她一条马鞭，放在瓮中轻轻一提，就有水了，全村人就不再挑水了，恶毒的婆婆想由此来发财，便将瓮中的马鞭抽出，不料水喷涌而出，眼看要淹没了村庄，土家女子不顾生命安危立马坐在瓮上，水缓缓流成了源源不断的不老泉，历经几百年，这口泉水没有枯竭，依然甘甜如初。

2. **不老泉讲解词**

不老泉水清澈，潺潺流动，如生命奔腾不息，朋友们，因水得势，借水言志，水是生命之源，第一捧健康水，可以消除你身体的疲乏，保你健康长寿；水是财富的象征，第二捧金银水，可以带来富贵；水是智慧的流动，第三捧聪明水，可以荡除心魔，增加你的睿智。

（二）古城长街

古城长街长约 1.3 公里，分为南北两段，全由青灰色的石板铺成，在石板路的两旁，则是由新式吊脚楼建筑群组成，全采用用竹木结构打造，原木色彩配以黑瓦翘角，是一幅规模宏大、气势雄伟，展现土家建筑、历史、民俗、文化的绝美画卷。

吊脚楼的临街商铺则是经营各种土家美食、土家旅游商品、茶肆、酒吧，而楼上则是各具特色的客栈，在这里可尝尽"舌尖上的酉阳"，可挑选布艺、首饰、土特产或民间手工艺术品，或寻安静一隅，静静品尝土家绿茶，在悠远的茶韵中感受神秘的土司文化。

（三）酉州土家摆手堂

摆手堂是土家族祭祀祖先和庆祝丰收的集会场所，以前每到丰收季节和新春佳节，男女老少着盛装齐到摆手堂，场内张灯结彩，群众围成圆圈，共跳摆手舞，而酉州摆手堂位于古城正中间，现在主要用于对游客的表演，当摆手舞的鼓乐响起时，彪悍土家苗家汉子和秀美土苗家姑娘们，随着鼓点，翩翩起舞，仿佛跟着他们进入了远古时代，而游客则加入其中做了一回欢乐自在的"土家人"。

（四）土司城

土司城是冉土司修建处理政务和生活起居之处，集官邸、宗祠两大功能，现在所看到的是土司城是根据历史记载和古建筑，基本还原冉土司城所修建，有前厅、正堂、后堂、戏楼，采用穿斗式梁架，全榫木结构修建，走入进中，能感受到它的庄严和沉重。

第四节 桃花源国家森林公园

一、桃花源森林公园的概况

桃花源国家森林公园总面积 4.1 万余亩，海拔 1 200 米左右，景区植被类型多样，生态系统完整，景观类型丰富，有 5 个植被型、7 个群系纲、22 个群系、31 个群丛。有维管植物 155 科 554 属 1 025 种。有银杏、水杉、珙桐等 4 种国家 I 级重点保护野生植物，另有国家 II 级重点保护野生植物天麻、单叶贯众、中华猕猴桃、厚朴、红椿等 17 种。有野生脊椎动物 144 种，其中国家 I 级保护动物林麝、国家 II 级保护野生动物大鲵、红腹锦鸡、黑鸢、红隼、大灵猫等 14 种。森林覆盖率高达 80.4%。公园内保存着目前重庆已发现保护最为完好的红椿天然原生种群。园内地文、人文、水文、生物资源极其丰富，涵盖了数百个自然和人文景观，大气质量、地面水质量、土壤质量均达到了国家一级标准，其中负氧离子达到 6 800 个/平方厘米，因此被人们称为"植物王国、天然氧吧"。

二、桃花源森林公园的景点

（一）七阳谷

七阳谷原名骑羊谷。据西汉刘向《列仙传·葛由》记载：周成王时有一名羌族人士名叫葛由，他好刻木作羊卖之。有一天早晨，他骑着木羊到西蜀。蜀中王侯贵人追随着他，一路向东南而行，来到我们武陵山。随之者皆不复还，皆得仙道。后来"骑羊"就成了"得道成仙"的意思，传说这里就是当年葛由骑羊来此，得道成仙的地方。后人为了纪念他，把这里叫作"骑羊谷"，还在山上修了一座道观，叫作"七阳观"。

（二）情人谷解说词

情人谷是以森林爱情为主题的爱情文化体验区，打造集"浪漫度假、森林消暑、文化体验、婚纱摄影"于一体的爱情文化旅游产品。旅客朋友们，带着你的爱人，畅游在这爱情海洋里，在盟誓山下、伊甸园里，许下爱的誓言，留下情的足迹，"执子之手,与子偕老"。

(三)福寿山

1. 福寿山的组成

福寿文化片区由一山(福寿山)、两园(桃园结义、百善孝先)、三亭(万寿塔、松鹤亭、百福亭)、两路(福寿路、仙隐道北段)组成。

万寿塔建于福寿山山顶,塔外平台设置"寿"字碑供游客摸寿。

万寿塔的第一层的墙壁及屋顶有彩绘百福字、百福印、百寿字、百寿印。

二层以壁刻和彩绘方式,在墙壁及屋顶选择性展示老子《道德经》核心内容(部分),倡导德政文化代代相传。

三层龟龄鹤寿:突出寿物崇拜,在墙壁及屋顶以《龟虽寿》为主题,突出"千年老鳖万年龟"的寿文化主题和"老骥伏枥,志在千里"的老而有志的意境;以唐伯虎的《百鹤图》为载体,突出松鹤延年、百鹤呈祥之意。

四层乔松之寿:在墙壁及屋顶以郑午昌的国画《乔松之寿》为主题,寓意像古代传说中的仙人王乔和赤松子那样长寿。

五层福衢寿车:在墙壁及屋顶以壁画展示彭祖、张果老养寿之道,比喻获取福寿的途径。彭祖是三皇五帝时期人,自尧帝起,历夏、商、周朝,相传他活了八百八十岁。

六层麻姑献寿:在墙壁及屋顶以麻姑献寿的壁画彩绘,演绎麻姑用灵芝酿酒向王母祝寿的神话传说,展示人的求寿心理。

七层福寿齐天:在墙壁及屋顶彩绘王母庆寿、八仙庆寿壁画。以西王母赐福赐寿于人间的神话故事,满足游客祈福拜寿的愿望。

2. 福寿山的讲解词

"求福、纳福、惜福、祝福"是我们对美好人生的祈愿。以中国传统美德"老吾老以及人之老,幼吾幼以及人之幼"为主题,以福寿文化为核心,弘扬养老尊贤、尊老爱幼的传统美德,到福寿山的游客,摸一下这个"寿"字定会身体健康,长命百岁,福寿双全。

(四)桃花源森林酒店

1. 桃花源森林酒店的概况

桃花源森林酒店隶属重庆市酉阳县桃花源旅游投资有限公司,位于国家 5A 级景区酉阳桃花源国家森林公园里金银山森林公园的核心景区,是集客房、餐饮、休闲、度假、观光于一体的综合性酒店；森林环绕四周，所以也是一座名副其实的森林酒店；全由矮层洋房构成，又是一座别墅式的度假酒店；夏天温度都在32℃以下，是一座避暑酒店；交通便利，距高速路口约2公里，城区5公里，火车站20公里。

2. 桃花源森林酒店的特色

客房将人文与自然完美整合，精心打造多种现代风格的客房，装修简洁、舒适、温馨又不失浪漫。

中餐厅主营渝菜、川菜、海鲜以及土家风味的本地菜，选用本地绿色食材，可烹饪各种菜肴和精致点心，既可感受家的味道又可品尝地道的本地美食。为迎合不同宾客的需求，酒店设有面积为80平方米、120平方米两种大小不同的会议室。

茶餐厅位于慈恩楼（主楼）6楼，环境不大，但风格简洁，最妙的是在用餐时，满屏的绿色，鸟儿的晨歌伴着你，开启一天愉快的旅程，站在茶餐厅观景台可以观看酉阳县城全景。值得推荐的是旁边有一间全玻璃打造的卫生间，当你方便时，不再是沉闷的瓷砖伴着你，而是满眼的绿色，欢快的小鸟，跳跃的松鼠伴随着你。

酒店有单独的露天烧烤吧，自主烧烤，烤全羊，酒店配备全自动烧烤机，保证所有的食品均匀受热，不至于出现烤焦、烤糊的现象，均衡热量，均匀营养，令人垂涎欲滴，干净卫生，不产生油烟。

第五节 桃花源广场

一、桃花源广场的由来

在 2010 年前，经济蓬勃发展，旅游业的兴起，市民的文化需求不断的提高，与之相匹配的休闲娱乐公共空间和文化娱活动的场所缺乏，引起政府的高度关注，为了适应旅游经济的发展和满足市民的休闲需求，2010年9月，总投资 1.2 亿元，占地 8.6 万余平方米的桃花源广场修建完工，并向市民开放。

二、桃花源广场的构成和地位

桃花源广场呈多层次梯级开发，分为景观、绿化、商业建筑和附属设施建设，是武陵山区面积最大、功能最全的综合性文化广场，由健身活动区、休闲区、桃花溪和音乐喷泉组成。广场上所铺设的砖石里常见化石，是古生代奥陶纪海洋生物化石，距今约 4.95 亿年。

在这里，动可舞摆手欢歌，静可觅木叶情韵，是酉阳县举办一赛一节和各类文艺展示活动的重要场所，是创建酉阳县山水园林城市的载体之一，也是桃花源国家 5A 级旅游景区的重要组成部分。

三、桃花源广场的景点

（一）健身活动区和休闲区

健身活动区约占广场一半的面积，承办了县里大型的文化活动。早上是晨练者的场所；夕阳西下，吃过晚饭的市民聚集在此打羽毛球、跳绳、跳坝坝舞；当夜幕完全降临，中央篝火点燃，市民们围着篝火跳起欢快的摆手舞。

（二）桃花溪和音乐喷泉

从世外桃源潺潺流出的桃花溪水顺着广场汇入了酉水河，绿绿的河水，弯弯的小桥，仿佛进入江南水乡，而两岸浪漫的悠闲酒吧，是你沉淀思绪的地方，当夜幕降临两岸音乐喷泉随着音乐节奏变化，或急、或缓、或高、或低，色彩跟着音乐而变化，为夜间增添一份美轮美奂的视觉和听觉盛宴。

学一学

桃花源推介词

世界上有两个桃花源，一个在您心中，一个在重庆酉阳。

桃花源风景区总面积50平方公里，由酉州古城景区、桃花源广场、古桃花源景区、伏羲洞景区、桃花源国家森林公园景区五个部分组成，是一个集土苗民俗文化、秦晋历史和田园文化、岩溶地质奇观、自然生态文化于一体的复合型景区，有中国的"世外桃源"、东方的"乌托邦"之美誉。

桃花源云海、机织烟霞，武陵酉阳，仙境神韵，亘古万年。桃源典故源远流长。公元前212年，秦焚书坑儒，咸阳儒生背负诗书，辗转千里来到武陵腹地，觅得一四面环山的洞天福地，不复出焉。这片隔绝红尘之地，在陶渊明笔下千古流传的《桃花源记》里，深刻地烙下了中国文化的印记，成为千百年来世人精神归宿的家园。

一阙上书桃花源的石牌坊古朴厚重，无言地诉说历史的久远和岁月的沧桑。提醒来客放下凡尘俗事，寻踪世外桃源。交织与梦幻的桃源八景成为世人寻踪世外桃源的路标。逆溪而上，首有问津亭，传说是当年渔人问津之处，鸡犬之声似鸣耳侧。朔溪而望，一线天光透洞而出，深入洞中，洞内钟乳倒挂，百尺飞泉，凌空飘洒，沿洞壁栈道曲折而上，直通深邃的藏书洞，洞尾左侧高处，古朴遒劲的四个大字"太古藏书"，至今清晰犹存，洞中石壁石刻颇多，但因年代久远，皆模糊难辨。穿过桃源洞，豁然开朗，举目环视，陶公笔下的桃源胜景，尽入眼帘，土地平旷，屋舍俨然，阡陌交通，良田美池。池中有桃涧亭、桑竹廊。这里没有纷争与烦恼，只留下与自然融为一体的纯净心灵。其中男女衣着悉如外人，男耕女织，黄发垂髫，沃土千里，怡然自乐，使人顿感时光回溯，仿佛千年一梦，时间在此凝固。穿过五柳廊，路过陶公祠，看过十二生肖林，就是集惊、险、奇、幽于一体的伏羲洞。其中，有字天书、玉盘仙迹、伏羲神话、五百平方米流石坝、巨型观音像、穴居遗存，给桃花源蒙上了一层神秘面纱。

桃花源历经千年依旧和谐，是一片清新自然的人间净土，景区森林面积达2 734.33公顷，分东、中、西3个部分5个景区，拥有最纯净的生态环境，保存着目前重庆已发现的保护最为完好的红椿天然原生种群，涵盖了数百个自然和人文景观。这里是天然氧吧，绿色天堂，人与自然和谐相融。

酉阳桃花源，因人文情怀而愈发厚重，因万般风情而独具神韵，置身桃花源，不但能领略往来种作，怡然自乐的田园景致，更能感受浓郁独特，传扬千年的民俗风情。酉阳土家摆手舞极具民族特色和艺术特色，是民间优秀文化遗产，是一部土家人用舞蹈谱写的荷马史诗，通过摇曳的舞姿可以追溯巴人尚武的文脉渊源。其舞姿包括：跋山涉水、农事劳动、战斗姿态、日常生活等。这些舞蹈动作，生活气息浓郁，舞姿舒展大方，表现出土家人粗犷豪放的民族性格。酉阳古歌和酉阳民歌种类繁多、曲调丰富，据初步统计已有1 700多首，在流传巴楚民间的《下里巴人》里千年传唱。

依山临水而建、造型独特的吊脚楼，传承了土家族建筑文化的精髓；极具历史穿透力的戏剧活化石——阳戏，凸显地域文化的独特魅力，成为一种重要的戏剧表演形式；在土家族中，西兰卡普是衡量女子心灵手巧、聪明贤淑的标准，西兰卡普的古老技艺，将深厚的土家文化，编织进经纬之间，编织着土家人对生活的热爱。

随着经济的快速发展，内外市场齐开并拓，旅游功能日臻完善。酉阳桃花源景区被评定为重庆市第4个国家5A级旅游景区，集娱乐、休闲、度假、购物、美食、游览为一体，景区、景点人性化的服务设施，满足不同客人的需要。酉州古城，特色美食、风味独特，让您回味无穷；旅游商品琳琅满目，深受广大游客的青睐；民族习俗风情万种，热情的土苗儿女为您送上一碗拦门酒。徜徉于桃花源广场，动可舞摆手欢歌，静可觅木叶情韵，入住桃花源小镇，体验"不知有汉，无论魏晋"意境，忘却世俗纷扰，亲近世外桃源。远离城市喧嚣，步入秦晋田园，探寻地质奥秘，回归绿色天堂。步入酉阳桃花源，胜似武陵捕渔翁。

天上美瑶池，人间桃花源。

开放的酉阳欢迎您！

做一做

根据所学酉阳桃花源景区的相关知识，试着创作一篇有个性的导游词。

拓展训练

［实训名称］酉阳桃花源景点介绍

［实训场地］模拟导游实训室

［实训工具］3D模拟软件、电脑、投影仪、笔纸

［实训内容］模拟导游人员，对酉阳的桃花源景区进行讲解

［实训评价］实训评价表见表8-1

表8-1　　　　　　　　　　　　　　　实训评价表

项目	分值	标准	自评	互评	师评	得分
仪容仪表	10	礼貌到位、精神饱满，妆容着装得体，符合导游职业规范要求				
普通话	20	普通话标准，语调自然，音量和语速适中，节奏合理				
语言表达	30	口齿清楚，语法正确，表达自然流畅；角度新颖，通俗易懂，生动幽默，富有感染力、亲和力，肢体语言得体				
内容合理	40	内容健康、完整、准确，重点突出，紧扣主题，与时俱进；结构合理，层次分明，详略得当，逻辑性强；文化内涵深厚，题材新颖				
总计	100					

第九章

龚滩古镇

学习目标

知识目标：

1. 掌握龚滩古镇的地理位置、历史地位、特色风貌。
2. 掌握龚滩古镇的相关景点知识。

技能目标：

1. 能根据龚滩古镇相关知识进行导游词创作并模拟讲解。
2. 能鉴赏讲解词。

职业素养目标：

1. 培养学生的人际交往能力。
2. 培养学生良好的职业习惯与职业道德。

案例导入

讲解员小李在十一国庆节期间接到一个来自山东的团队,由于整个山东地势比较平坦,所以游客来到酉阳非常兴奋和好奇,一路上不停地拍照,早就把小陈的提醒忘记在了九霄云外,加上国庆期间游客数量比较多,游客在爬越台阶时一不小心把脚崴了,这时才发现自己已经掉队了,找不到讲解员小陈,只有给小陈打电话。

思考:如果你是小陈,遇到这种情况应该怎么处理?

第一节 龚滩简介

一、地理位置

古镇始建于蜀汉,距今已有1 700多年的历史,位于重庆市酉阳土家族、苗族自治县西部,乌江的中段,阿蓬江与乌江交汇处的凤凰山麓,与贵州省铜仁市沿河县隔江相邻,地势险要,易守难攻,自古为交通咽喉,兵家必争之。自古是渝、黔两省水路运输的动脉和纽带。

二、历史地位

龚滩上面的龚滩古镇,历来是万商云集的要埠。古代是川盐重要的水上转运站,是乌江连接重庆的黄金口岸。史上完全因水陆的物资转换而繁荣,后因水运的衰落而失去繁荣的基础条件,但现在又依靠旅游业重新走向繁荣。

龚滩古镇曾经是重庆市20个首批受保护的历史文化名镇之首的古镇,2001年10月,龚滩古镇被评为重庆市十大历史文化名镇之首。

三、特色风貌

(一)吊脚楼

作为土家苗寨最典型的特色建筑——吊脚楼,沿着长约2公里的青石板街光可鉴人的巷弄往里走去，仿佛走在时间阴阳隧道中，在斑驳老旧而别致的吊脚楼建筑画带下，去到了千年之前。古镇贴着凤凰山麓而建，近60度的斜坡，临江一面，大都是凿岩为基、垒石为础的吊脚楼。这些"空中楼阁"往往数十根大圆木作为房屋支撑，依地就势，临渊而建，有的甚至青瓦飞檐、雕刻装饰十分精美，这些吊脚楼最年轻的已有百多年历史，"年老"的则有四五百年了，是国内保存完好且颇具规模的明清建筑群。专家学者考察后认为，龚滩古镇可与世界文化遗产丽江古镇媲美。而悬空托起气势恢弘的土家吊脚楼群，被誉为建筑艺术上的奇葩。国画大师吴冠中写道："是唐街，是宋城，是爷爷奶奶的家。"著名国画《老街》便诞生于此。

（二）桥

桥则成为古镇一道独特的风景线，卷拱桥、平板桥、桥重桥、屋架桥、大桥包小桥，一条顺崖壁而下的溪流上，有18座桥，当地人称之为"一沟十八桥"。

（三）百里乌江画廊（亦称乌江三峡）

百里乌江画廊怪石峥嵘，峰险峡奇，江水波急浪涌，险滩突兀。两岸参松翠竹，猴鹰嬉戏。古栈道、百年风雨廊桥、中华第一大石磨等景点镶嵌其上。2002年5月2日至4日成功举办的"中国重庆酉阳首届国际攀岩挑战赛"，就选址于乌江画廊的万仞绝壁上。阿蓬江在龚滩境内长约20公里，道窄滩多，峡谷深邃，风光旖旎，漂流惊险刺激，被誉为"乌江第一漂"。间隙喷泉、萧洞、马鞍城等50余处大小景区景点点缀古镇周边。龚滩古镇、百里乌江画廊、阿蓬江漂流已成为龚滩三大旅游精品。古镇是乌江画廊的精髓。

（四）青石板街

古镇最奇特的又一景观是两公里长的石板街。石板街全由一块块青石铺成。青石年代古远，青幽如玉、起伏不平、蜿蜒崎岖，盘亘在乌江东岸一年年一代代被赤脚、草鞋、布鞋胶鞋、皮鞋踏磨得光滑玉润。青石板街可坐、可行、可卧而无需担忧一身尘土。走在这绝无车踪喧哗的石板路上，应接沿街翘角飞樊檐犬牙交错临空扑来，其间有摩崖石刻"第一关"七百余年的"四方井"。一种悠远古朴的历史回归感和传统文化的浸润感油然而生。据专家考证，此石板街是长江沿岸目前保持最完整，且极具观赏价值的石板街，难怪中央电视台、重庆电视台等多次到此摄外景。不由想起白居易的诗句"人间四月芳菲尽，山寺桃花始盛开。长恨春归无觅处，不知转入此中来。"

（五）其他

公路蜿蜒，直上云天，龚滩西岸，悬崖高耸，直插云天，悬崖之上，鸟语猿啼，古木森森，有名的蛮王洞就在其间。镇上有明清古建多处，其中大业盐号、川主庙、三教寺、杨家行等古建筑如艺术群雕，堪称古建筑史上的珍品。复有众多古碑，原貌犹存。其中有上不沾天下不着地碑，有倒刻无量佛碑，还有明代万历年间的"第一关"双钩题刻碑，至今仍完好无损。有旅游价值的还有宋代四方井、摩天石柱、一沟十三桥和20世纪50年代兴建的一度称冠世界的龚滩大石拱桥等，为龚滩这个地方增色不少。古色古香的三教寺、川主庙、古代巴人文化遗址蛮王洞、东汉僰人悬葬、乌江纤道、南宋金头和尚起义的铁围城遗址等也都如珍珠般散落在古镇内外。

乌江滩多水急，千百年来，两岸人们赖以生存的水上交通造就了一种特殊职业——纤夫。纤夫们肩背纤绳，用血肉之躯把逆水而上的木船拉过一个个险滩，1972年，政府炸毁了乌江上的暗礁，整治航道，开通了机动船，才结束了这一职业。

第二节　历史

有文字可考历史证明龚滩源自蜀汉，置建于唐，距今已有1700多年的历史。有明确史料记载，在明朝万历年（公元1573年），酉阳山洪暴发，凤凰山发生了一次巨大的崩塌。山石夹着泥土滚落江中，阻断了乌江河道，形成险滩。此即乌江流域上的著名险滩——龚滩。而据说当年建镇的时候，居住在此地的居民，大多数人家都姓龚，而且是当地的望族，故名龚滩。但另一说法是对"龚"字另有解释。说是"龚者大也"，龚滩就是大滩。

民间还流传一种说法，说乌江、阿蓬江是由大小两条龙乌龙和阿龙开凿而成的，乌江是乌龙前进的路线，乌龙虽然十分勇猛，但身躯过于庞大，它由黔东北向川东南前进，经过很远的路程，才到川黔交界的地方，阿蓬江为阿龙前进的道路，阿龙体小娇弱，在川东南行走不远，就在川黔交界的地方与乌龙汇合了。这两条龙会合之后，就共同努力，奋力越过了川黔交界处的峡谷，形成了一处很陡的水流湍急的险滩。人们就称之为"龚湍"，又称为"龚滩"。说明这个险滩，是由两条龙共同开成的。这一传说给龚滩名称的由来，蒙上了一层神秘的色彩。

今龚滩，是古涪陵郡汉复县。刘琳《华阳国志较注》："汉复县，三国蜀汉置，属涪陵郡，治所在今昔酉阳县龚滩镇。"乾元元年（1192年）设酉潭巡检司，辖龚滩。清乾隆元年（1736年）酉阳改直隶州，以龚滩属关隘要地，距州城遥远治理难周，故设巡检司于此，以"统摄之"。清末民初，龚滩设分县（龚滩县佐）。中华人民共和国成立后，设立镇，隶属酉阳县。

乌江航道在此分为两段。在古镇形成相距八百米的上下两个码头。上、下行的物资，必须在此起卸、过滩，换船转运。自"改土归流"，解除了"蛮不出境、汉不入峒"的禁令后，重庆、涪陵、江津及陕西、江西等地商贾纷纷云集于此，乌江舟楫日增，终日列岸，古镇人气渐旺，居民日盛，成为川黔湘鄂边区重要的物资集散地。

2006年，古镇上方的罗家岩岩带存在多处危岩，随时可能滑坡，将会对大半个龚滩镇产生毁灭性打击。而同时彭水水电站蓄水将淹没古镇海拔293米以下的所有建筑，古镇面临整体搬迁的命运。因此2006年，龚滩搬迁至原古镇下游1公里处复建成功，并开门接待游客。

第三节 景点介绍

龚滩古镇是中国历史文化名镇、重庆市第一历史文化名镇、国家AAAA级旅游景区、重庆著名旅游胜地。景区主要包括：千年古镇、乌江山峡百里画廊、阿蓬江峡谷以及其他特色景点（马鞍城、桃花湖、红花洞）。

一、千年古镇

古镇是唐街、是宋城、是爷爷奶奶的家，也是吴冠中老先生记忆中的老街。

（一）阿弥陀佛桥

阿弥陀佛桥是下街向上走的第一桥，虽然桥跨大沟，弧形单拱，桥体也雄伟，但由于与石板街浑然一体，如果不从侧面看是不会发现的。桥边的围墙里有一尊石雕阿弥陀佛像，佛像神态生动逼真。从前，人们常来祭拜佛像，桥也因此而得名。

每一个民族都有信奉，土家族人信奉土姑和白虎。为什么在这要提到信奉呢？这跟这座桥有关：在当地有一句俗语，说的是"七月半鬼上岸"，意思就是说每到阴历"七月十五的时候，河中的一些邪灵会上岸来找替身，弄得人心惶惶。于是人们纷纷祈求上苍，佛祖派出了掌管土家族的天女——土姑，土姑踏着七彩祥云，从巨人梯而下，与邪灵展开了恶战，七天七夜后邪灵被打败了，但是土姑也元气大伤，土姑担心邪灵再出来残害百姓，于是化作了一只石凤凰，日夜守护着她的子民。人们感恩，将那座石凤凰取名为凤凰山，在山脚定居，并在小镇的入口处修了一座桥，上面立着阿弥陀佛佛像，就是现在阿弥陀佛桥。

（二）杨家桥

杨家桥是古镇的第二座桥，它修建于清朝雍正十三年，在雍正皇帝推行"改土归流"的政策后，从江西、江苏一带迁过来很多姓杨的居民在这里居住，所以这座桥就以姓命名，叫作杨家桥，前面那条繁华厂巷就叫杨家，这里留下了杨姓家族的历史沧桑，也记录了古镇的繁华变迁，杨姓的朋友可以在此踏寻先人足迹。

（三）杨家行

杨家行老楼房，雄踞于龚滩二河坝码头正上方的山坡上，俯视着乌江的奔流和码头的繁忙，成为龚滩昔日商业繁荣的标志，也是龚滩盛衰的历史见证。

杨家的先祖于明末清初由江西临江府迁徙而来，定居于此，修建了带有封火墙而又主要为木质结构的住房。显然，封火墙是他们江西老家的建筑传统，而开放性的临江带有"耍子"的木构楼房则是巴地的本土风格。杨家的住房是两地建筑风格融合的成功范例。原建筑毁于清末大洪水。清宣统元年，由杨芝田重建，将原屋基抬高了4.5尺，但仍保持了先前的建筑风格。杨家为书香门第，世代不废诵读。然迁自龚滩后，杨家几代人都未求功名，这或许和龚滩因商品经济萌动而波及思想领域和社会时尚有关。杨家的"秀才"杨芝田还曾外出赴川南自流井任塾师教书，回龚滩后还经过商。清末民初，龚滩经济日渐繁荣，外地客商大量涌入，杨家便将房屋租赁给了外地商人。外地商人据此经营起了大宗的盐业生意。这便是民国年间声名远播的"大业盐号"。"大业盐号"后来为官僚资本所控制，连当时的国民政府财政部长宋子文也在其中参有股份。依仗这个权势，杨家的生意，在龚滩镇算是经营得最好的，杨家行也因此的名声在外。

中华人民共和国成立后，国营的龚滩粮油转运组就设在杨家行老建筑内。主要负责将秀山、酉阳两县的粮食转运到涪陵，再经由涪陵外运。因航运业的逐渐萎缩，商业繁荣的消逝让杨家行沉寂了数十年。现在，旅游业勃然兴起，杨家又在老建筑北边的空地上加修了一个可以让游人休息品茗、凭栏眺望乌江美景的古朴的廊亭。屋檐下，又高高悬挂起了"老盐局客栈"的旗幡，招揽着天南海北的游客。

（四）太平缸

古镇木质结构的房屋最大的隐患就是火，火最大的敌人就是水，所以镇上的民居每隔90米就修建了一个这样的水缸，也就是现在所说的消防池，古镇人称它为太平缸。随着历史的变迁，古镇上的太平缸就剩这一个了，所以走过太平缸的人，也就意味着躲过灾难，走向平安。

（五）永安桥

永安桥，又叫通瀛桥。桥身通长，大有通往瀛洲的意思，而瀛洲在土家人眼里是极乐之地，有永恒的安宁之意，所以又叫永安桥。

（六）半边仓

半边仓是一座老仓库，悬空25米，高两层，因房子依崖傍势而建成"一面水"，所以叫半边仓。它是杨家盐商的盐仓库，其房屋模板横向装置具有两个特点：一是横向装的木板可方便取盐；二是为了减少盐对木板的压力。

(七)转角店

转角店又称罗家店。当时古镇流传这样一句话:上街莫惹冉,惹冉下不了坎,下街莫惹罗,惹罗过不了河。说明了冉姓和罗姓在这的地方势力很大。这一带就是罗家的集居地,这里转弯抹角,呈现"之"字形方拐,因而得名。

(八)檐灯

檐灯,顾名思义就是屋檐下的灯笼,那么土家族的檐灯除了起到照明的作用之外,它还是一个传统的民族习俗:檐灯,代表着一家人的人口组成,如果说这家有尚待闺中的女孩,那么它的灯面上就有一个独特的图案——莲藕,为什么画莲藕呢?土家人把谈恋爱叫作连交,藕意为佳偶天成。

(九)巨人梯

它是由六万余块岩石垒砌而成的。相传,是土姑降伏邪灵时所遗留下的通天石梯。许多虔诚的土族百姓在这烧香许愿,上天念其德,会在他百年之后引导他归往极乐之地。当然,也有心怀鬼胎的恶人,他们爱慕虚荣、贪图享乐,在三更时分,也就是在天地气层最薄弱的时候,顺着石梯溜上天去,搅乱天庭,天王大怒,下令断了通天路让今后的族人永不能踏上石梯。从此,通天石梯成了望而生叹的遗憾。

(十)"永定成规"碑

因"背佬二"的血汗被无情地压榨和盘剥,历史上也曾发生过反抗,甚至出现过哄抢盐巴的事件。当局为了严加控制,规范当时脚夫、力夫、夫头的力钱分配等。便于光绪年间镌刻了"永定成规"石碑,以示众人。此碑高155厘米,宽83厘米,因20世纪60年代遭遇一场大火,剥蚀较为严重,但仍能辨认约50余字,意思完整。碑文内容说明了龚滩镇是川盐入黔的重要中转站,所转运之盐称"客盐"。碑文还记载了上下船搬运力价指定由何恒、郑昌信等人负责监督执行,每包盐上载船舱的运费为5文钱,从船上卸运并抬至盐仓则每包加6文,还规定所有脚夫须由盐号验保并登记造册,以防止成规紊乱。

如今,历史的血痕已经悄然退尽。然而,"永定成规"碑上"禀之慎之立规成毋违持示"的刻文还隐约可见。那漫漶难辨的字迹仍然在倾诉着龚滩人难以忘怀的经历,成为龚滩繁荣的历史注脚。而这块碑作为龚滩古镇货物转运兴盛的实物证据,对研究乌江流域贸易和航运史具有重大的意义。

（十一）桥重桥

桥重桥是龚滩古镇的名桥。在龚滩，有"不知桥重桥，不是龚滩人"之说。足见此桥在龚滩人心中的地位。

桥重桥是由两座石桥重叠而成的一座小拱桥。从下面的桥走到上面的桥只需几步，但两桥错落有致，弧形优美，气韵流动而不呆滞，桥体简洁而不单调，实乃佳偶天成，颇具浪漫情调。这种桥上叠桥的桥，乃是龚滩独有。凡到此的游客，无一不到此领略它的风韵。

（十二）冉家院子

冉家院子位于老街中段，右邻西秦会馆，处于街道转折变化之处，是当时老街主要的建筑之一。呈三合院布局，建筑在立面的处理和装饰上较有特色，占地约150平方米。冉家院子坐东朝西，侧面进入院子，临石板街的是吊脚楼的商铺。冉家院子的建筑结构与老街其他民居一样是穿斗结构，有3个开间，"五榨四挂"，青瓦屋面，室内花窗雕饰精美，建筑材料主要是木材，左右两侧为火砖砌筑的封火墙。

冉家院子是由冉三爷修建的，至今已有数百年的历史，一直由冉姓家族居住。在龚滩，早在清朝便盛传一句民谣："上街莫打冉，打冉上不得坎；下街莫打罗，打罗下不得河。"那意思是说你在龚滩惹不得冉、罗二姓的人，否则是走不了路的，冉姓乃土司之后，其家族势力非常之雄厚。

冉姓出自姬姓，据《姓氏考略》《姓氏寻源》等所载，周文王第十子季载，封于冉（一作聃，故城在今湖北荆口县那口城），春秋时灭于郑，子孙以国为氏，或说聃去耳为冉，故有冉氏始祖为周文王第十子之说。

现在，还依稀能看到一位冉氏先祖的墓志铭："自从提剑扫尘烟，挡看西南半壁天。耕桑拓土三千里，忠孝传家五百年。"

（十三）西秦会馆

西秦会馆无疑是古镇最高大最宏伟的建筑，其规模和气派首屈一指，在周围的民居群落中，颇有鹤立鸡群之势。它也最具明显的外来建筑风格。石砌的大门，门柱石刻雕花，四周围以封火墙，与徽商的宗庙祠堂有诸多近似之处。只是需爬一坡高高的石阶由街心直登入院内。爬石梯坎而"升堂入室"，这也是古镇所有较大型的公共建筑的共同特征。

古镇的西秦会馆，自然是陕西商人在龚滩所设立的，清光绪年间，陕西商人张朋九最先来龚滩开设盐号，经营川盐生意，并亲自经手修建了西秦会馆，多用于同乡客商的聚会、议事、欣赏表演等。张朋九的生意越做越大，其后继之人不仅经营盐业，还经营起了供出口的桐油、生漆、茶叶以及桕子、山货等，成为龚滩的一大巨商，名震川鄂湘黔边区。

（十四）绣花楼

绣花楼是土司家的绣女做绣工的地方（以前土司小姐抛绣球的地方）。吴冠中到此一游曾用"琼楼玉宇"来赞美此楼。

（十五）周家院子

周家院子，是周姓盐商的住所。建成至今已有二百多年。周家院子最值得一看的是它的门窗雕刻。工艺精湛，各种传统吉祥符号都能找到，它传达的是房屋主人的美好愿望。

（十六）签门口

签门口，因凤凰山崩塌下来的一堆巨石，垒在邓家岩旁乌江岸边，巨石耸立如门，其间可通行人而得名。虽然没有什么值得夸耀的景致，却是龚滩一景。

这个狭窄而凹凸不平的通道，其间却浸透了脚力背夫艰难的汗水和心酸的血泪。那是昔日从龚滩下游码头的必经之路，也是上下码头的分界点。旁边一个并不宽敞的缓坡，就是堆码盐包的盐场。为了加强盐政管理，清政府当局在签门口设立了关卡。凡背抬盐包者，必过此关卡领取竹签子，一包一签。竹签子的多寡表明个人搬运数量的多少，"背佬二"（背夫）据此领取相应的报酬。若无竹签者，老龚滩口上游码头则认为非法而拒收。签门口的名称即由此而来。

在老街的两侧石板上，有一些拇指大小的洞孔，是因为古镇以前是热闹的码头和重要的货物聚散地，龚滩码头年货物吞吐量在数万吨以上，水陆交通便利，来往商贾渐渐云集古镇，经济繁荣一时，名震西南。当时，就有"钱龚滩，货龙潭"之称。在当时较落后的生产条件下，繁荣的经济以人力为基础。所以，这边有很多的苦力搬运工，人们背着沉重的货物歇息很不方便，于是就用一种特殊的工具，当地人称"打杵"。从后面支撑在地上架住货物，人们就可以停下来稍事休息也不用卸掉货物，由于打杵造型特殊，它是在一根木棒上增加一个牛角式的弧，木棒底部钉一铁硝，所有背夫在行走时的步伐是一致的，即"三步一靠、九步一打杵"，久而久之就在石板上磨出一个个眼来。

（十七）川主庙

古镇的川主庙建于老街地理位置的中央，这体现了一种中原文化的"观念模式"。

尽管龚滩的地理环境不适宜建设大型庙宇，但是人们还是辟出一块相对宽阔的地方来建了一座并不算大的川主庙。川主庙是四川本土之神，是李冰的神化。中国川主庙就只四川才有。李冰因为修建了都江堰，善于治水，因此被四川人神化而奉为"川主"。

乌江水急滩险，龚滩更是严重，常有水患。修建川主庙，是希望借李冰之神力变水患为水利。经过岁月的无情洗礼，如今川主庙只剩下一座带耳房的戏楼和一个正殿，两旁厢房已荡然无存，但它原始意味的神秘氛围并没散去，而这种氛围会激起乡民对神灵的敬畏、膜拜，这就是川主庙至今犹存的神奇魅力。

（十八）董家祠堂

董家祠堂是董氏家族最高权威的凝聚地，比如犯族规人的受罚地；商议大事的议事堂，历代族长的灵位供奉地。

董家是世代书香门第，据说祖上是一位名医，医德高尚，医术精湛，远近闻名。家族中不少人曾任过地方官吏。

董家祠堂和董家院子迄今都有一百多年的历史。董家祠堂位于老街中心位置，与川主庙一墙之隔，大门与川主庙并列，宗族祠堂能与四川的地方神庙比肩，且得到乡民认可，可见地位非同一般。

董家院子距董家祠堂尚有一里地左右的路程，位于镇南端红庙子的正上方。严格说来，它也不是一个方正规矩的院子，建筑平面也仅一正一横，然而其所占的面积和体现出来的气派在古镇的民居建筑中也是屈指可数的。

（十九）鸳鸯楼

鸳鸯楼让人觉得是幸福伴侣舒适而温馨的安乐窝，其实不然，它上演的是一部爱情悲剧。一百多年前，本镇冉家的儿子和梅家的女儿从小青梅竹马，私订终身。但是因为当时的种族和门当户对的观念在龚滩根深蒂固，他们遭到双方父母的反对。有歌唱道："老天无眼它拆桥，鸳鸯失伴飞云霄，泪似乌江长流水，小船失舵随浪飘"。他们被飘到了天各一方。然而思念从未间断，四野茫茫中一条看不见的"丝"始终将他们联系在一起，哪怕后来各执家业，他们不愿在这种痛苦的煎熬中度过余生，更不愿在虚无缥缈的来世中寻找安慰，于是在老街一处临街的地方各修了一栋楼，二楼相依相偎，成为他们爱的象征。尽管他们终未成眷属，但有情人毕竟在失落中寻回了理想，找到了寄托，达至了永恒。经过百多年的岁月，他们的举动终于得到后人的理解。后来为了纪念两人的悲惨的恋情，就将此楼命名为鸳鸯楼。

(二十) 织女楼

织女楼原是说这里住着一个姑娘，织布技艺是样样精通，无所不能。人们推崇她的手艺，于是称她住的地方为织女楼。相传在很久以前，这儿住着一个土家族的惹巴涅（女孩），名叫昔比。昔比心灵手巧，善织"西兰卡普"（土家语，即：织锦、土花被面）。她织的花，香飘千里能招蜂引蝶。昔比听说世上最美的花是白果花，便暗暗下定决心，要将白果花给织出来。可是，白果花是寅时开花卯时谢。昔比在白果树下等了两个晚上，可都因白天太累而且等得太久，正当白果花开时她却睡着了。这样的情形持续了两天。这时，昔比的嫂子便在她爹爹面前搬弄是非，说："小姑私会情郎"。到了第三天晚上，正当昔比手捧白果花回来，竟被躲在门后的爹爹一棒打死！昔比死的时候，红光一闪，化作一只鸟儿飞去。这只鸟儿飞上门前的树梢，歇在那里不住地啼叫："我看白果开花，嫂嫂是非小话，爹爹错把我杀，尼过夺岔了，尼过夺岔了（土家语，意为'你被她骗了'）。"从那以后，再也没有人看见过白果花开了。至今，也没有人织出过白果花的织锦了。

(二十一) 鲤鱼跳龙门

石鲤乃天然的一块巨石，镶嵌于古墙之中，半边露出墙外，鱼的嘴、腮、鳍、尾都系天成，真有一跃而过的雄姿。靠水而居的民族认为这是老天的恩赐，认为这条石鲤具有灵性。古镇人们认为摸摸鲤鱼头，福气跟着走；拍拍鲤鱼背，长命又百岁；碰碰鲤鱼尾，好运长相随。

(二十二) 夏家院子

在古镇，流行着一首尽人皆知的民谣："陈家湾烟雾沉沉，郑家门前鲤鱼跃龙门，黄葛树上出妖怪，夏家院子出美人。"这四句话其实是古镇的四大景点。这民谣道出了老街陈家湾一带，昔日那阴惨昏沉而又别有洞天的景象。

陈家湾即夏家院子坡下老地区，是附近乡下来的苦力背夫们聚集的地方，颇有点类似现代城市中城乡接合部的情形。烟熏火燎，脏乱不堪，故有"烟雾沉沉"之说。

老街临江一侧的峭壁上曾生长有一棵巨大的古黄葛树，比现存的龚滩标志性黄葛树还要古老，还要粗壮。其树枝一侧伸向老街，弯曲如门。"黄葛树上出妖怪"，指的就是古镇的这棵黄葛古树，人们常听到树上指哨嘘嘘而不敢近前，不过在一次雷击中，树木燃烧了。因这棵古黄葛树年岁太大，树身上常爬满毛虫，树梢又不时发出嘘嘘声响，让人不寒而栗。当地的百姓认为有妖在作怪，并请来悌玛（土家族巫师）驱妖，蛛丝全消的时候，黄葛树轰然倒塌。

然而，从这令人毛骨悚然的地方向坡上爬几十步石阶，见到的却是另一番景象："夏家院子出美人"。夏家的爷爷的爷爷说过：从江西来，过运河，穿洞庭，翻千山踏百桥来了很多人……

夏家的奶奶的奶奶深沉余味的唠叨：夏家的家眷很多，丫鬟也多，个个都漂亮，知书达理、贤惠、孝顺……从前的夏家，也是一个经营盐业的富商。所以，夏家的女眷都衣着鲜丽、落落大方，得到了"美人"的称号。

严格说来，夏家院子并非一个四面合围的真正的院子，而只能算半个院。然而它妙就妙在这半个上。它的建筑平面为"一正二横"，北端的一横实则为带阁楼的朝门。临江的一面是全开放的，高高的堡坎起到了围墙的作用，凭着低矮的石栏，便可饱览古镇风光和一江秀色。它是龚滩"院子"的典型代表，是民居建筑与自然环境巧妙融合的典范。

夏家院子的正房门额上原有一道"慈孝"匾额。匾额落款为"道光十八年建"，证明这楼也有近二百年的历史了。可惜此匾现已不存，四十多年前被作为"四旧"而毁掉了。说来也怪，几乎在"慈孝"匾被毁的同时，也就是古镇成立"革委会"的那天，江边崖壁上那棵"出妖怪"的古黄葛树也轰然倒下江去。此后，再也听不到说有妖怪出没了。

（二十三）第一关

在古代，只有城市才有城门，但龚滩古镇作为一个集镇却有一座"城门"，就是"第一关"，它把关内、关外区别开来。严格说来，它是称不上城门的，有点像古代小说中描绘的山寨的寨门。

第一关位于老街上街的常乐街，关门内侧有一硕大的刻石，上镌双钩阴刻楷书"第一关"三字，是明代万历癸丑年李德谷书所题。在第一关处，常遇到不少外地游客脱口将其呼之为"天下第一关"。虽然它的规模气势比不上山海关那座"天下第一关"，但对于龚滩古镇来说就是"天下第一"。从前关北为"城"内，关南为郊外，一派荒山野岭。为了防止关外的土匪之类偷袭关内，镇民们在这险要地方用条石垒砌了两层石门，均设有厚大木门，易守难攻。现木门已毁，也无需有门，百姓安居乐业，你来我往，亲如一家。

（二十四）锦楼

锦楼，意为织锦的房屋。相传一位土家族的惹巴涅（女孩）捏阿惹来（二妹的意思）心灵手巧，决心要将世上最稀罕的白果花织上西兰卡普才出嫁。西兰卡普是土家语，是花铺盖的意思，是土家族特有的织锦。这位土家族姑娘深夜来到白果树下，惊醒了看守白果树的毒蛇，毒蛇向她扑来时被不知道从哪里来的一支箭射死；捏阿惹来正要绣花,守山的老虎也来了,老虎咆哮着向她扑来时也被一箭射死。捏阿惹来感到非常奇怪,她回到家在西兰卡普上织出了活灵活现的白果花。第二天清晨,捏阿惹来起床后一打开门,就看见一个英俊的青年捧着虎皮和蛇皮站在门口,那后生就是巴力依。捏阿惹来才知道是他救了自己,忙将他引进家中,接下了虎皮和蛇皮,将自己织的西兰卡普递到他手上。人们说只有勇敢的小伙子才配得上漂亮的姑娘,从此二人过上了男打猎,女织锦的幸福生活。

(二十五)三抚庙

三抚庙,它修建于清代,是为了祭祀酉阳土司冉守忠(酉阳人奉冉守忠为酉阳土司之宗)以及同样有德于民的思、播二州早先的田土司、杨土司而建,三位土司均官宣抚使,故称三抚庙,是专供土家族祭祀膜拜,祈求风调雨顺、平安吉祥的场所。

南宋绍兴元年(1131年),酉阳龚滩爆发金头和尚农民起义,冉守忠因镇压农民起义有功,南宋朝廷授冉守忠御前兵马使,任酉阳知州,开始实行羁縻制,土官世袭。至元二十年(1283年),酉阳爆发"九溪十八洞"蛮民起义,封建王朝为稳定少数民族地区,采取"以夷治夷"的政策,在酉阳实行土司制,改酉阳羁縻州为酉阳宣慰司,冉守忠第8代嫡孙冉载朝为宣慰使,土司嫡长子世袭。从此,冉氏土司成为武陵山区三大土司之一,从南宋绍兴元年(1131年)任冉守忠为知州到清雍正十三年(1735年)改土归流,冉氏统治酉阳604年的土官、土司制宣告结束。

(二十六)文昌阁

俗话说"清溪的牌坊,龚滩的阁",龚滩文昌阁是木质结构的三层六角形楼阁式建筑。设计精巧奇妙,精工细琢,令人叹为观止。民国初,黔湘鄂成渝各地来绘图,仿造的就有十余起,但却没有一个能与之媲美。

(二十七)吊脚楼

古镇最具特色的建筑是乌江边上那一排排错落有致的吊脚楼,其构造别致,古色古香。独具地方特色,是国内保存完好且颇具规模的明清建筑群。吊脚楼有着丰厚的文化内涵,土家族民居建筑注重龙脉依势而建和人神共处的神化现象外,还有着十分突出的空间宇宙化观念。土家族的吊脚楼不仅单方面处于宇宙自然的怀抱中,宇宙也同时处于宇宙自然的怀抱之中。这种容纳宇宙的空间观念在土家族上梁仪式歌中表现得十分明显:"上一步,望宝梁,一轮太极在中央,一元行始呈瑞祥。上二步,喜洋洋,'乾坤'二字在两旁,日月成双永世享……"这里的"乾坤""日月"代表着宇宙。从某种意义上来说,土家族吊脚楼在其主观上与宇宙变得更接近,更亲密,从而使房屋、人与宇宙浑然一体，密不可分。

二、百里乌江

乌江为长江三峡九大支流之一，有剑门之雄，三峡之壮，峨眉之秀，畅游乌江有"船在画中行，人在画卷中"之感，江中水急滩险，江水清澈，波涛汹涌，两岸绝壁，灌丛密布，具有险、古、幽奇等特点。"乌江画廊"不是三峡胜三峡，清代诗人梅若翁赞其道"蜀中山水奇，应推此第一"。乌江至涪陵汇入长江，全长1036公里，其中龚滩到万木100公里，为千里画廊中的精品河段——"乌江三峡"。第一峡"土沱子"，第二峡"白芨峡"，第三峡"荔枝峡"。三个峡中有独特的山野乡寨风光，有"飞玉浅珠，汹涌江涛"的大小险滩，有各种关于土家风情的神奇故事，有127年前的无钉桥，中华第一大石磨、乌江双睡佛、双层纤道、鼓乐迎宾、莲花宝盖、天堂门、乌江神女等30多个自然风景点犹如瑶池仙境。

（一）土沱峡

"土沱峡"，也是"乌江三峡"的第一景点。从大河口至土沱子为乌江三峡的"急湍险滩"景观河段。横跨阿蓬江的龚滩大桥为全石拱成，1965年动工，1966年10月建成通车，桥长113米，宽7米，高47米，单拱跨度100米，就当时修建资料此桥高度在世界上居第一位，跨度居第二位，因两江水流涨落各有不同时序，形成干流支流，或清或浊，相互倒灌，明代道翁张三丰诗吟"两江既合流，两水各珠色"，生动描述了这一自然景观。

土沱峡就因土沱子得名，此行上去至荔枝峡共有十八滩，过去推船人就称之为"十八子"，由大河渡口上行依次为小滩子、矶头子、尖山子、土沱子、银窝子、婆儿子、白芨子、张公子、银童子、背毛子等。每一个"子"都是一个美丽的传说。土沱子是此行最险的滩，枯水季节。落差最高达3.7米，水凶猛而零乱，滚涌着、翻卷着、打着漩想吞噬一切。遥远而古老的时代，大小船到了这儿，纤夫背阌纤藤拖着沉重的身躯匍匐在石块上向前拉，亦步亦趋，在峡的深处与自然交流，展示出的大自然这一凄美画卷。大碗的酒摆在船舱前的甲板上，古铜色健壮的肌肉在月光下撤下来时泛着古铜色的亮光，船夫渔民们悲惨凄凉的生活打造出的却是这样一个个美丽的神话！

初入峡口，两岸青竹婆娑，随风招摇，如遇阳光照射，金浪流滚动，变幻着诱人的色彩。这里的阳山竹，是编织的上好材料，聪慧勤劳的土家人，所编编席图案精美，工艺考究，并能折叠随身携带，北宋时就已成为贡品，如果说竹是贯穿土沱峡的一条线，那么间或断裂的山体则像线上的一个结，把峡谷分得时断时续，一泓清泉，一簇山花都点缀了这种断断断续续，大自然的造物主就是这样神奇，不经意的一指一点都成了令世人感叹的惊喜。

相传盘古开天辟地后，玉帝看到的大地是一片荒凉的景象，非常不满，于是派下了精灵童子拿着一包竹种，让他撒遍大江南北，精灵童子是一个非常贪玩的小仙，拿着竹种，全抛向了现在云南省（所以云南有竹海）然后拿着空袋子在空中漫天游玩。突然，一块碧绿的绸缎映入他的眼帘，他好奇地下来看时，就被眼前这美不胜收、天之独特的乌江给迷住了，他总觉得应该给这里留下点什么，好锦上添花，他翻遍了所有的口袋，最后在他的鞋子里发现仅有的一粒竹种，于是就将它种在了乌江岸边。言归正传，当年，玉帝知道了此事后大发雷霆，认为精灵童子违旨，犯了欺君之罪。于是就将他压在了峡口处，据说要一位诚心的教徒做完七七四十九件好事，叩足九九八十一个响头才能将精灵童子救出来。

没有峡便失去了风骨，龚滩至万木有三个峡，依次是土沱峡、白芨峡、荔枝峡，各峡的个性和风格特征各不相同，乘船上行，过了阿蓬江与乌江交汇处便入了长达15公里的土沱峡的峡口。

（二）拇指山

因其形似人伸出的大拇指而得名。

（三）尖山子

其山顶如锐角高耸，山峰兀立眼前，断江面，称"尖山子"。

（四）月窝子

这座山有一个漂亮的名字叫"月窝子"，当然这个漂亮的名字来源于一个美丽的神话。每当太阳高升时，刚好在"尖山子"山尖上，朝霞相互辉映，仰望山顶，整个山头像一只凹形曲线，线似篮框，为月亮西坠歇息之处，俗称"月窝子"，相传嫦娥在天庭无聊之时，无意间看见了此处美景，于是每逢月圆之夜，她都要带着宫女们和小兔子到处尽兴游玩、沐浴，可她的月宫无处可靠，于是就用手这么轻轻一划，山上就出现了现在的"月窝子"。

说到每个"子"字都有一个美丽的神话，经过的"土沱子"也不例外，相传七百年前，一位驼背土司，荒淫无道，路过一个村子，看见两位姑娘非常美丽，就想强掳成亲，殊不知两位姑娘乃王母身边的丫鬟，于是就被两位姑娘打入水中，但见乌云滚滚，雷电共鸣，待天开时，这平坦的江面就出现了落差近四米的险滩，两位仙姑担心土司再残害百姓，于是就化作两座山峰，镇守于此，于是就形成了现在的"土沱子"。土沱子滩，水激浪高，自古有名，加之人烟稀少，未经治理，俞发得山穷水恶，洪水暴涨时，滩头处极限落差达5米，中华人民共和国成立后，为便利交通，当地在滩内筑有两道石砌铁敦的纤盘，以供船只牵引过滩之用。

东岸临江有一丛山泉汩汩奔流，终年不绝，由于植被极佳，故水质似珠玉般洁白，又因其溪流分叉飞下，状似树干根髯，故名"飞白树根泉"。前方东岸为清泉乡的秀水村，两岸为沿河的鲤鱼村（解放前隶属四川），鲤鱼村也有一凹塘，塘边遮护一圈水柿子灌木丛，乌江水涨退去后，塘内水满，必有鱼群遨游塘内，村民垂手可得，也是远近闻名的奇趣。山寨土家百姓，不乏农产，但缺现钱，故没有现代消费能力，生活用品几乎都来自大自然，至今仍有人家葫芦当瓢、松脂照明，但是上百年的家祖牌位，奉祀虔诚，香灰溢满，至今仍有淳厚的民俗。

（五）女儿靠

鲤鱼村的女儿靠非常有特色，它修建近百年时间。据说，当年有一毛姓大户，有一女儿非常漂亮，每天都要在临江边的绣楼上绣花，而鲤鱼池的一位英俊的小伙子每天都在江中捕鱼，歇息时吹起土家族的木叶情歌，这位姑娘被悦耳的木叶声吸引住了，频频向窗外张望，此后小伙子每在江中捕鱼，船到毛家下面，就靠下，以木叶传情，两人日渐产生爱慕之心。不料被姑娘的父亲发现了，有一天，这姑娘又从楼上跑下，被她父亲叫住，责骂说一个穷光蛋绝不配做我毛家的女婿。于是叫一丫鬟每天看着这位小姐，并告诉丫鬟，只准小姐下楼，不准小姐出大门。接着他又带着家丁到小伙子家去，抄了小伙子的家，逼着这位小伙子离乡背井，所以这位小姐每天跑下楼来，只好站在门边，等待着这位心灵纯朴憨厚的俊俏的小伙子回来。由这个凄美的故事而得名了这个"女儿靠"，千年后依然怨诉着当年封建思想压迫下的悲惨爱情和他们对自由爱情的忠贞。

（六）清泉

泉碧绿，山清水秀的秀丽风光，哪怕暴风雨再大，这里的泉水永远碧绿不混浊。

（七）回龙桥

此桥建于同治十年（岁次辛未年，1871年）十月竣工距今已130年，桥面长29米，宽4.3米，离水高约40米，建桥9间10列，桥高5米，两头砌墙护列，内有长木条凳，外有支檐两重，且屋脊首尾有别，恰似龙腾卧波，既高敞又宽绰，既遮雨挡阳又不遮亮挡风，每坐桥上，观远山近水，听泉鸣鸟语，做生意买卖，令人荣辱皆忘。该桥是木材单拱托支,全用穿斗,楔集固定,不用一颗铁钉或拉钩连接,表现出古代土家工匠的高超技艺。

(八) 中华第一大石磨

此磨设计建造具特色,内盘用作碾壳脱皮,中空中一根木轴,下装片由泉水带动旋转,利用水能碾磨合一,磨直径三米,人卧其上,可摆大字,巴渝民间有句古老谚语"人过三十爬磨覍——现在才想转"。

(九) 白芨峡

"乌江三峡"的第二峡是"白芨峡"。船渐入一段宽阔的河道,其江心就是有名的滩礁——白脊子,枯水时,礁石上薄如刀片的屋叠条状石岸,长约80米,宽约1~3米,如一条鱼脊长卧水面,寒光闪闪,锋刃凌厉,洪水时石滩隐入水下,激流受阻,涛声隆隆,撞击出近百米怒浪。

(十) 鸡毛信山

绕过毛渡渡口,前面一座高山,山上满是低矮的树丛,像披上一层绿纱,但其顶峰东侧三棵大树,借助山高坡陡,傲然挺立,格外醒目,人们把它比喻作电影《鸡毛信》中的"消息树",直接喊为"鸡毛信山"。

(十一) 搭跳纤道

鸡毛信山山麓突出一匹大石巨岩,既逼窄江流,又阻断人行,为了行船和走人,渝黔两岸各族群众在石岩凿刻出乌江流域仅有的一段"双层纤道"。如遇洪水,水面抬升,下纤道被淹时,人行船运仍可以从"上纤道"往来,交通不至于中断。在前方东岸那一段"搭跳纤道"是为行船至江心张弓子滩的纤夫拉船使用。因山石崩落或凿刻不易,于是当地群众便发明了拱跳过桥的方法,中间架起几根圆木以边接两端石栈,便纤夫行人往来方便。而今更用钢盘水泥预制件做成,以图一劳永逸,这就是颇具特色的"搭跳纤道"。

"机密纤道"呈现方孔形,逆行不远,就进入银童子滩,过去的绞滩纤路,至今讲述着往日绞船的艰辛。

其斜对远方西岸,有扇形石壁陡立,其崖壁中有一大片艳丽的褚色岩面,人称炼丹岩,相传补天之功并非属于女娲一人,还有太上老君,女娲补天裂时,所剩七彩石浆不多,太上老君急得四处找寻,无意中就发现了可与七彩石媲美的乌江石,于是就在此搭建炼丹炉,将乌江石放入其中熔炼,日长月久,这壁岩上也被太上老君的真火烧成了朱色。

"白芨峡"峡口出口的前方右边这条北沟,就是麻阳河,沿公路跟北河进去13公里,就可看到"黑叶猴",是贵州省沿河县思渠区。

(十二)荔枝峡

"千里峭壁倚嵯峨,下瞰江流涌碧波",这是清代诗人对乌江荔枝峡入口处的生动描绘,从天而降入江流的峭壁,像一座陡立的屏障,把乌江最为撼人心魄的精品河段锁护在后庭之内,让人不得见分毫,而船在入口水面,缓缓逆行,可以明显感觉到阵阵凉风扑面,寒气袭人,给人添加了几分神秘之感。

(十三)迎宾曲

相传,嫦娥带着宫女下凡后,嫦娥就在"月窝子"沐浴,而她的宫女们就在此演奏乐曲,于是就留下了一支支洞箫,洞箫就是这一位位仙姑的倩影。

"鼓乐迎宾"西岸由近到远这七条山脊,斜线插入水面。好比一支支斜插的洞箫,这七个山头,沿岸排成一线,好比操琴执管的乐员。而迎宾乐曲的音乐旋律,则是东岸从山腰泉眼喷出的泉水,撞击岩石,循涧入此,在狭窄的河岸往复回荡,汇合成一部大自然的山水诗音,演奏出乌江画廊的四时水歇。

(十四)莲花宝盖

在西岸,将会看到乌江画廊中一景,土地公公给大家的礼物——"莲花宝盖",这朵莲花是玉皇大帝赐给爱女七仙姑的头饰,这七仙姑羡慕人间恩爱的温馨生活,即放掷江边以待意中人摘取配戴,谁只要拿得起,戴得稳,谁就能把七仙姑娘娶过门。这朵莲花从天坠落,绿叶青藤,红花绿果,还挂着无数的奇珍异果,长约50米,高约30米,所以我们凡间没有人有这个福分佩戴这朵莲花宝盖,只能遗憾在梦中寻求那天神般美好的梦想。

(十五)轿夫岩

东岸的罗汉岭"轿夫岩"原是准备八抬大轿送贵人上天的轿夫,但凡人无法消受,他们只好世代守在河岸,以至于全部化成了一座座山岩,永远对"莲花宝盖"遥加护守,所以称"轿夫岩"。

(十六)天堂门

在"莲花宝盖"上方远处,有一座垂直展开的断岩,兀立群峰之上,蜿蜒直插天深处,那就是天堂门,凡人进入天堂门,只要闭目静心,默念三声咒语就可进入天堂门。这三句咒语是"一指冲天入云霄,二指双柱擎天地,三指三步登天堂",就进入了极乐世界，桃源洞天，香格里拉……

传说，当年唐僧师徒西天取经到此，那道士也如此这般变化，可是唐僧师徒全被这眼前的美景所征服，睁眼看了个够，边看边上山，只可怜那老实巴交的唐僧和满身横肉的八戒，费尽了九牛二虎之力，花了时间大半天，才爬上登天岩第一步，那沙和尚还把挑着的行李担子，打翻一地，差点给乌江急流卷走，这孙悟空情急发虚大叫一声"老孙来也"，硬起全钢猴头脑，直向天门撞去。

据说，孙猴子事后去找老道士算账，此时老道方显出佛祖真身，喝斥泼猴不得无视，纵使你有十万八千里筋斗云，也休得跳出人佛手心，看在你尊师重道，诚心向上的份上，特地留出一道指缝，让你师徒前往西天。所以，在当地又称天堂门为"佛手岩"。

（十七）宝殿岩

西岸山腰上，宝殿岩的岩体从右至左三个凹形洞，是供佛爷的三世法身之用，中间一洞供奉参进释迦牟尼佛祖本身，左边一间供奉佛祖过去法身，右边一间供奉佛祖未来法身，即弥勒佛。

（十八）乌江神女

在层峦峻岭中，东岸远山就是等候客人们千年万载的"乌江神女"。她站在突出的岩头前端，直立身躯，好像微风卷起了她头上秀发，吹拂着她身上的罗裙，千万年来，她聆听着乌江涛声，注视着江面上的舟楫和纤道上下的民众，把峡谷修炼得妙女般秀美清纯，她是乌江三峡的缔造者，又是乌江三峡的守护神。

（十九）斧劈岩

东西两岸的峭壁，有如神力相向切入江面，把航道挤成一条窄缝，山岩形刀斩齐劈，当地人称作"斧劈岩"。传说，水浒中的勇将李逵，奉宋江之命，到各地寻找有志之士。途经此地，喝着土家族的包谷烧酒，啃着烧猪头，突然看见一只白果鸟正在被几只老鹰追赶，于是就大喝一声将斜插腰间的板斧扔了出去，由于用力过猛，把前面的山岩劈了一条缝，于是得名，而西面的那一块薄面岩石，就像板斧的前刃，倒贴山体，远望峭劈，夹岸逼进，状如两块门扇，所以又名"天门山"。东岸为"东门山"，此地双门锁江，实乃荔枝峡的南大门。

西岸江边有一个佘洞，这里洞外有洞，洞内有天，洞后有洞，洞内有泉的天然美景。东岸有灵芝岩，各色各样的钟乳石，悬垂石壁，张挂山岩，如瑶池仙草，似天界花丛，任你想象和美化，前方东岸，是乌江旅游之行的终点——酉阳县丁市区万木乡，从此以上，乌江河道全归贵州所有了。

学一学

龚滩古镇推介词

在悬崖高耸，古木森森的大山中，有一条奔流湍急的乌江。在一面如刀凿斧劈般的悬崖对面，有一座古老的城镇——龚滩。

美丽的龚滩古镇位于重庆市东南部酉阳县内乌江、阿蓬江的交汇处。古镇三面环山，一面临水，悬崖陡峭，唯一可以与外界联系的就是乌江。所以龚滩古镇，历来是万商云集的要埠，也是古代川盐重要的水上转运站，素有"钱龚滩"之美誉。这一历史痕迹在景点半边仓中体现得淋漓尽致。龚滩古镇已经具有1750多年的历史。远在明代万历年间，山洪暴发，垮岩堵塞乌江成滩，当年龚姓众多，故名龚滩。

龚滩最具特色的是古镇的吊脚楼和独特的土家文化。下面先给大家介绍一下乌江边上那一排排错落有致的吊脚楼，其构造别致，古色古香。它们均凿岩为基，垒石为础，或部分虚悬半吊，或全部虚悬，以木或石柱支撑，楼上住人，楼下放杂货。四周铺设走廊，从下往上看，颇有几分"空中楼阁"。独具地方特色，是国内保存完好且颇具规模的明清建筑群。

上几步台阶，便把你引进一个个原始纯朴的屋子，脚踩在数块木板拼成的地板上，还不时发出"吱嘎吱嘎吱嘎"声，那是远离城市喧嚣的美丽音符。在静谧的龚滩，你还会和古镇的打更人不期而遇。每晚十点钟左右，更夫都会从古街的一边走到另一个尽头。"嘡嘡嘡……天干物燥，小心火烛；锁好门窗，注意防盗！"伴随着棒槌的挥动，你可以感受到在电视里才有的情景和这里纯朴的民风民俗。

龚滩的吊脚楼因为木料用得多，所以其以雕工见长。稍大一点的人家，花窗阁楼，都有风格各异的雕刻。人字形的屋檐也并不舒展外延，而是小巧内敛，透着别致与细腻。屋檐下的灯，也叫檐灯。土家族的檐灯除了起到照明的作用之外，还代表着一家人的人口组成。

古镇上的封火墙和水缸是另一道别致的美景。因全木质结构的吊脚楼，最大的隐患就是防火。所以在屋与屋之间还可以看见有土坯烧制成的全砖体的封火墙。而且在古镇每隔90米就会修建一个水缸，当地居民称它为太平缸。

在古色古香的民居门前，是一条长达两公里的青石板老街，走在新建以后龚滩古镇虽减少了岁月的沧桑感，却多了一份宁静与温馨。那里是唐街、是宋城、是爷爷奶奶的家，也是吴冠中老先生记忆中的老街。

徜徉在青青的石板街上，穿行在一座座紧挨的吊脚楼中，不经意间，或许就走进了"背老二"故事中。龚滩是重庆东南的水路咽喉,在古代的时候,南来北往的商旅都会在此打尖住店,而当年过路的商客因为交通限制,货物都只能用背篼背,这些工人被称为"背老二",是专门从事背运货物的。古镇的转角店还可以体会到当时的生活场景。而古镇的永定成规碑就反映了清朝时脚夫、力夫、夫头、背盐工的生活状态。现在你偶尔走在这条清净的路上还可以看到背着大背篓的"背老二"。

踩着青石板路走进人家,枕着乌江水进入梦乡,面对着乌江喝茶发呆晒太阳,不由进入了冉家院子。在那里不仅可以欣赏到徽派民居和本土建筑风格的完美融合,还可以深深地体会到土司文化。冉家院子的主人正是冉土司的32代传人。土司就是当时的土皇帝,从南宋时期直到清雍正十三年,均由强宗大姓冉氏为土司。古镇人们还为纪念老土司而修建了三抚庙,因为土家人认为通过对土老司的祭祀,他们才能吉祥如意,化险为夷。

古镇人们热情好客,坦诚相待,载歌载舞。西秦会馆是古镇最高大宏伟的建筑,也是最具有明显外来风格的建筑,颇有鹤立鸡群之势。它四周围都是烽火墙,内设正殿、偏殿、耳房、戏楼,雕梁画栋,筒瓦覆顶,古朴精致。现在这里已经成当地居民主要的休闲娱乐之地。他们这里唱劳动、爱情、闲情、苦情、哭嫁歌等酉阳山歌、跳土家摆手舞,进行阳灯戏的表演。

喜嫁姑娘要哭嫁的习俗在古镇一直沿袭至今,它通过哭唱的方式,将姑娘隐藏在心底的复杂心理,细腻的感情,民族的气质表现得淋漓尽致。目前,酉阳山歌和土家摆手舞都已经被列为是世界非物质文化遗产。摆手舞的舞蹈动作多是土家生产、生活、征战场面的再现,有表现打猎生活的"赶野猪",有表现农活的"挖土",有表现日常生活的"打蚊子"等。而阳戏灯远自唐代便开始流行,它是由苗族的傩戏演变发展而来,最初作为祭祀表演,后演变为跳神,最后演变为独具土家特色的阳戏灯。

古镇步步是如诗如画的胜景,处处有历史的痕迹,历代题刻的碑文第一关、川主庙、鲤鱼跳龙门、董家祠堂、文昌阁、阿弥陀佛桥、巨人梯等都是古镇上著名的景点。在有些建筑里供奉着佛道神像、土姑、李冰神像等。靠水而居的人们也希望借李冰之神力变水患为水利,让这个古镇风调雨顺。

土家姑娘个个心灵手巧,织布机是样样精通,无所不能。有名的西兰卡普在她们勤劳的双手中诞生。西兰卡普在土家语中即土花棉被。在土家族习俗中,土家姑娘结婚时必须有自己织出的打花铺盖作嫁妆。因而,土家姑娘在婚前的日子里总是起早贪黑,精心制作她心爱的打花铺盖。古镇的织女楼和鸳鸯楼都在流传着这些姑娘动人的事迹。

在酉阳境内的乌江画廊是龚滩古镇至万木乡之间,河段全长60公里。境内龚滩峡、土坨子峡、白芨峡、荔枝峡、斧劈峡，号称"乌江五峡"。两岸奇峰翠木森森、猫山石丛、叠石成峰。彭水水电站修建后使乌江的水位上涨，乌江虽已没有了以往的惊涛骇浪、险滩激流的磅礴气势。但两岸的青山碧水，秀丽儒雅，依旧给人恬静的优美之感。沿江著名的古代巴国的"蛮王洞"百年风雨的无钉廊桥、中华奇迹的第一大石磨、历经岁月沧桑的纤夫道、美丽的乌江神女峰、鬼斧神工的五指山、神奇的编织工艺等都会让你感受到深厚的文化积淀。

一条幽远深邃的历史老街、一座历久弥新的江边古镇、一段梦幻神奇的绝壁音符，古老而又具有浓厚土家文化的龚滩古镇，等待你的到来。

做一做

根据所学龚滩古镇的相关知识，试着创作一篇有个性的导游词。

拓展训练

［实训名称］龚滩古镇介绍

［实训场地］模拟导游实训室

［实训工具］3D模拟软件、电脑、投影仪、笔纸

［实训内容］模拟导游人员，对龚滩古镇景区进行讲解

［实训评价］实训评表见表9-1

表9-1　　　　　　　　　实训评价表

项目	分值	标准	自评	互评	师评	得分
仪容仪表	10	礼貌到位、精神饱满，妆容着装得体，符合导游职业规范要求				
普通话	20	普通话标准，语调自然，音量和语速适中，节奏合理				
语言表达	30	口齿清楚，语法正确，表达自然流畅；角度新颖，通俗易懂，生动幽默，富有感染力、亲和力，肢体语言得体				
内容合理	40	内容健康、完整、准确，重点突出，紧扣主题，与时俱进；结构合理，层次分明，详略得当，逻辑性强；文化内涵深厚，题材新颖				
总计	100					

第十章

河湾山寨

学习目标

知识目标：

掌握世外桃源、太古洞、酉州古城、桃花源广场、金银山国家森林公园的相关景点知识。

技能目标：

1. 能根据河湾山寨景点知识进行导游词创作并模拟讲解。

2. 能鉴赏讲解词。

职业素养目标：

1. 培养学生的人际交往能力。

2. 培养学生良好的职业习惯与职业道德。

>> **案例导入**

晓军的家乡坐落在一个美丽的小山村，这里青山绿水，鸟语花香，村内古树参天，民风淳朴。随着近几年乡村旅游的兴盛，村干部转变发展思路，带领大家积极发展乡村旅游，想让大家都吃上"旅游饭"。他们推掉了青砖绿瓦的传统民居，盖起了高楼，并配备了现代化设施设备。村上原来有一个老祠堂，现在变成了游客接待中心，家家门前铺上了水泥路，整个村寨的面貌焕然一新。然而除了周末有少数城里的人来玩，平日很少有游客光顾。晓军十分困惑，这是为什么呢？

思考：1.你能回答晓军的困惑吗？

2.在旅游开发过程中，我们应该注意什么？

3.晓军的家乡要想发展旅游该如何进行定位？你能帮忙简单策划吗？

第一节　区位及自然条件

一、地理位置

在渝东南酉阳土家族苗族自治县东北边陲，坐落着重庆市历史文化名镇之一的酉水河镇（原名后溪）。建镇前，一直是酉阳县幅员面积最大的一个乡，东与现在酉酬镇的沙田村，南与秀山县的大溪乡、麻旺镇的加强村，西与麻旺镇沙堡村，北与酉酬镇的双鹿、板栗村接壤，东西宽31.5公里，南北长约39.5公里，镇域面积约124平方公里。河湾山寨则地处酉水河镇，沿酉水河下行1.5公里处的酉水两边岸上，距县城89公里，山寨幅员面积18平方公里，海拔在290~380米之间，其地理坐标为东经108°11′~110°、北纬28°~30°之间的青藏高原与长江中下游平原的过渡地带。

二、地形地貌

河湾山寨地形东西高中间低，酉水河川流而过，整个山寨多为河谷低山，由于岩性和地质构造上的差异，区境呈现两类迥然不同的地貌景观。西北部碎屑岩广泛分布，属盆东平行岭谷范围，以构造剥蚀地貌为主，河谷为宽谷；东南部大片出露碳酸盐地层，属南北经向构造体系，以岩溶地貌为主。酉水河横穿而过，其平均宽约100米，在河湾山寨区域内长约5公里。

三、气候特征

河湾山寨属亚热带湿润气候，其总的特点是：四季分明，热量充足，降水丰沛，季风影响突出，立体气候明显。四季特点：春早，常有"倒春寒"；夏长，炎热，旱涝交错，伏旱频繁；秋短，凉爽而多绵雨；冬迟，无严寒，雨雪少，常有冬干。年平均气温12~15℃，极端低温-2.7℃，极端高温38.2℃，平均日照时数为1 131小时。年相对平均湿度79.0%；年降雨量919.7mm，降雨主要集中在5~6月，高温季节在7~8月。除7~8月有东南风、9月有西风外，其余各月以偏北风为主。

四、其他资源

河湾山寨依山临水而建，青山如黛，绿水逶迤，风景如画的酉水河流经此处，转折而形成一个河湾，成为一道独特的景观。整个山寨为土家族吊脚楼风格的明清建筑，古朴典雅，极具传统色彩，村落沿酉水河逐层阶梯式布局，层次分明，质感强烈，四周层层梯田，山上茂林修竹，自然环境优越，被誉为"酉阳最美的村寨"。

河湾山寨现有耕地面积2 966亩，人均1.06亩。林地资源相当丰富，现有林地9 765亩，森林覆盖率38%，木本植物约64科200余种，如红椿松、柏、杉、泡桐是为常见的用材林，有桐、茶、漆等经济林，还有柑橘、橙、梨、枇杷、核桃、李、猕猴桃等果林。中药材大约231种，最多的是野生或人工种植的青蒿、吴萸（米辣子）枳壳、银花等。野生动物约10余种，如刺猬、野猪、泥猪、水獭、黄鼠狼、白猫、山羊等。水产资源十分丰富，大小河流中盛产黄辣丁、角角鱼、鲢鱼、鱿鱼、鲤鱼、团鱼以及国家二级保护动物大鲵（娃娃鱼）等。

第二节　历史沿革

酉水河镇（后溪）古为"蛮夷之地，化外之区"，早在3000多年前就有人居住，唐代就有了关于酉溪（后溪）的文字记载。有记载的历史大约在1500年，自明代末期"赶苗拓业"以后，田、彭、白三大姓氏（上寨的土司官邸遗址考证）居住于后溪，此时清兵南下，战争烽火蔓延几十年，一些江西、湖广汉人为避战乱沿酉水进入里耶、石堤、后溪、酉酬一带。

到了清朝1735年"改土归流"后，清政府取消了"汉不入洞、蛮不出境"的禁令，鼓励汉人来川东开荒，这个时期大批的汉人从江西迁来后溪定居，一段时期后溪码头千百木船停靠、商贾云集，商贸十分活跃。大量汉人定居以后与当地田、彭、白三大姓氏开亲结义、和睦相处，集资修造了万寿宫、禹王宫、灵官庙、湖广会馆、乾隆石拱桥、石板街。当地宗族修造了各自姓氏的祠堂，有白氏宗祠三座、彭氏宗祠二座、田氏宗祠一座。后溪的土家、苗、汉人民共同为开发后溪，建设后溪做出了巨大贡献，为后人留下了宝贵的物质文化遗产和非物质文化遗产。

河湾山寨原名"长潭村"，于2011年更名为"河湾村"。据考证，河湾村有人居住的历史，可上溯到春秋战国时代，土家族来此定居始于宋太宗淳化五年（995年）。岁月流逝，年复一年，土家子孙在此世代繁衍，至今已有1000余年的历史。

据当地白氏族谱记载：白氏先祖于明代早期择此地定居，生息繁衍，距今已有近六百年历史，该山寨历史悠久，民风淳朴，民族风情独特浓郁，民居建筑依山而建，形成村落，规模较大，布局合理，保存完整，是渝东南少数民族地区民风民俗的重要展示场所，能为研究土家民族的发展历史、民风民俗及民间建筑工艺提供重要的实物资料。

2006年年底，酉阳县为保护民族文化遗产，打造民族生态旅游，在全县范围内寻找最具特色的古寨，在几十个山寨中，河湾山寨脱颖而出，被县人民政府授予"最美土家村寨"的称号和牌匾。

2008年，原本位于后溪场镇沿酉水下行4公里的酉水河岸上的河湾村"舍巴寨"（原名富家堡，因闻名渝东南的土家摆手堂在此处，故改名为"舍巴寨"）由于石堤电站蓄水发电被淹没，因而于2008年举寨拆迁（该寨原址在今寨南边水下），2009年年底前，拆迁和新建房工作基本结束。

第三节 古寨自然景观

一、山寨的"河"——酉水河

河湾山寨中的"河"为酉水河，在河湾山寨有着秀丽的十里长潭，游人渡船别有一番滋味，如诗如画沁人心脾，沿河两岸春花齐放，夏木成荫，秋叶如火，冬雪皑皑，让人流连忘返。

酉水河，古称酉溪，武陵五溪之一，又称更始河，位于湘鄂渝交界处。长江支流沅江的最大支流。自发源地流经湖北宣恩、湖南龙山、湖北来凤、重庆酉阳、重庆秀山，至高桥入湖南保靖县境，再经湖南永顺、古丈、沅陵等土家族聚居地注入沅江后流入洞庭湖，全长477公里，流域面积18 530平方公里。

酉水河流域南与武水相邻，西以大娄山脉与乌江为界，北以武陵山脉与澧水分野，地势西北高仰，东南低下，除秀山、龙潭、龙山有比较大的平原外，其余均系山岳地区，以海拔400米以上的丘陵地区占多数，而1 000米以上的高山多在上游边缘。

酉水河贯穿酉水河湿地公园园区，总流长30公里，是尚在幼年时代的次成河，侵蚀严重，石堤以上两岸高山对峙，河床平均宽度仅有51.4米，流速每秒120.84m2/s，属于沅江水系。河周分布多条支流，动植物丰富，受人为干扰较少，是鸟类的理想栖息地。

二、山寨的"山"——三峿山

河湾山寨的北方，酉水河畔屹立着三座秀丽的山峰，山如"且"形，三峰呈品状，当地土家人亲切地称其为三峿山（峿：我的山）。它是河湾山寨的"山"，也是当地土家人的信仰。大约在1370年，田、彭、白三大姓氏先祖，各倚山而居，后人把各自先祖所占之山称为祖山。《酉阳直隶洲总志》记载："在州东160里后溪河（酉水河）上，三峰并峙，苍翠逼人，为大江里田、彭、白三姓祖山。"又据"案语"云土人言：三姓始祖时，各居峰下，一曰松栖峿，一曰西沙峿，一曰龙（拼音三声）东峿。土人谓山为峿，故名至今，三姓子孙辩族之同者，犹以为正焉。

三峿山位于酉水河国家湿地公园腹地，属于武陵山区，西南方向为酉阳县酉水河镇。气候属于亚热带向暖温带过渡类型，夏天闷热，雨量适中。海拔300多米，平均温度为26℃，年均日照时数为1 400~1 560小时，无霜期为300天，年平均降水量为1 518.35毫米。因成土母质、地势和水热条件的影响，三嵝山主要发育石灰土和黄壤以及山地黄棕壤。

正所谓"游山玩水"，"山"的旅游资源最为集中，所以在人们心中便成了最有旅游价值的自然旅游资源。河湾山寨三嵝山，三座秀峰，虽然没有五岳之雄峻，却有着自己独特的妩媚。三山碧绿翠滴，鸟语花香，一条盘山石板道蜿蜒曲折到达山顶，千步石梯掩于林荫之中。游人爬山，踏青，这里便是最好的去处。

三、山寨的"物"

（一）植物

河湾山寨的四周分布着大量的湿地植物，依次成带状分布有湿生植物、挺水植物、浮水植物和沉水植物群落。

湿生植物中，优势科为禾本科、菊科和桑科，主要的树种有柳、泡桐、桑、狗牙根、莎草、藜。

在水生植物中，挺水植物主要有菖蒲、水葱等；浮叶植物有荇菜、睡莲等。漂浮植物有紫萍、浮萍等；沉水植物有苦草、菹草。

河湾山寨的山体植被类型主要为针阔混交林，优势树种主要是杉木、马尾松、柏木、水青冈、锥栗、细叶青冈、黑壳楠、榕木、木姜子。零星点缀有红椿、洋槐、白话泡桐、酸枣等。竹类有楠竹、斑竹、水竹等。

其中有"一棵"树尤为特别。相传在河湾山寨的新婚夫妻，都要穿上土家族最华丽的盛装，心怀虔诚来到这"一棵"古树下烧香许愿。只要拜了这棵树，夫妻就能一辈子和和睦睦，幸幸福福，健健康康。这"一棵"古树被河湾人叫作"和睦树"，它其实是由一棵野漆树和一棵枸檀树组合而成。从最初的根枝相系到今天的融为一体，它们像一对儿慈祥又和蔼的老夫妻，相互搀扶走过了300多年的时光，也见证了300年间无数对情侣，从执子之手到与子偕老。正是这样难舍难分的造型，加上这挂满了象征祈福的红丝带，这"一棵"古树俨然成为河湾山寨不可多得的标志景点。

（二）动物

河湾山寨的酉水河四周除了分布着大量的湿地植物，更有丰富的野生动物资源。典型种类有鸟类、两栖类、鱼虾类等。

鸟类动物种类多达145种，夏候鸟种类繁多，北方鸟类也有涉及，并有红腹角雉、白鹭、太阳鸟、金鸡、啄花鸟等珍稀鸟类出没。其中，豆雁、彩鹬、白眉鸭、董鸡、普通秧鸡、黑鹀白胸苦恶鸟等鸟类被列入国家林业局2000年8月1日发布的《国家保护的有益的或者有重要经济、科学研究价值的陆生野生动物名录》，所以该地区是重要的鸟类栖息地和候鸟迁徙地。

两栖类动物共有10种，其中主要是由华中区的优势种，有河蛙、黑斑蛙、泽蛙、大蟾蜍等，其中"娃娃鱼"大鲵属于国家二级保护动物。

鱼虾类动物种类繁多，包括鲤鱼、鲫鱼、草鱼、黄鳝、乌鳢、鳙鱼、鲢鱼、青鱼、赤眼鳟、鳗鲡、白甲鱼、圆铜鱼、中华倒刺鲃、日本沼虾、秀丽白虾等。

第四节　古寨人文景观

一、传统民居

　　河湾山寨的三大古寨建筑群落，古朴典雅、层次分明，全是清一色的土家代表民居——吊脚楼。全村有675栋，2 125间，总面积为31 875平方米，其建筑风貌为明清格调，通风向阳、宽敞明亮、坐南朝北、址向一致、造型美观大方，由此可见土家建筑文化的高深的艺术造诣。最大的古寨河湾沿酉水河，逐层向山上呈阶梯式布局，层次分明，排列有序，布局特殊，前青龙，后白虎，左玄武，右朱雀，风水十分讲究。寨前屋檐伸酉水，绿水映楼台。寨中三纵三横石板道交错相通，并有古祠、古塔、古桥、鹅卵石梯坎、养鱼池、消防池随处可见，布局合理。多数房屋掩映在古木翠竹之中，寨后青山滴翠，鸟语花香。古朴典雅的建筑风貌、优美的自然山水风光，令画家叫绝，摄影家兴奋，诗人畅怀，游客陶醉。

　　后溪河湾土家吊脚楼有着独特的建筑特点：

　　吊脚楼根据屋场大小确定立屋大小式样，有"五柱两骑""五柱四骑""七柱四骑""四合天井"大院等，正中间一大间叫"堂屋"，作供家神、祭祖先、迎宾客之用。两边厢房转角间连接有一间和二间之分，也有四排扇三间屋、六排扇五间屋的。

　　屋脊根据主家的经济情况，用瓦片进行堆砌，有人字路平铺式的，也有竖立堆砌的。屋脊正中间用瓦做成形状各异的图案造型，非常显目。屋脊悬空一头和厢房转角屋檐向上高高翘起，并向内微卷。

　　房屋窗子十分考究，优质木材手工雕刻着各种寓意吉祥的图案。常见的有"狮子滚绣球""野鹿含花""观音送子""倒飞蝙蝠""二龙戏珠"及松、竹、梅、兰等植物图案，图案做工精细，栩栩如生。简单的有"冬瓜窗""万字格"等。

　　吊脚楼一般设有走廊，大多用镶花栏杆做美人靠，走栏的吊柱悬挂于空，一般将其雕刻成金瓜或荷花，使之刚柔相济，和谐而优美。土家吊脚楼不管是外形和内部结构，都呈现出恰到好处的比例关系和分层次的有序变化的对称，具有静中见动，动中趋向统一的灵巧多变的均衡感，这种动态性多层次的高水平对称均衡，把吊脚楼推上了美的典型形态，显示出超拔、风雅和流畅的形体风格，具有超越视觉的特异品质，无论远眺近览,平视仰瞻,它那优美的形体线条,总给人一种"淡妆浓抹总相宜"的美感,使人赏心悦目,欲罢不能。

二、摆手堂

河湾山寨的摆手堂,亦名彭氏宗祠、爵主宫,是田、彭、白几大姓氏的土家人为了纪念彭宫爵主(彭士愁)而建,建于清代咸丰年间(公元1370年),坐西向东,砖木结构,复四合院布局,属小摆手堂,是渝东南地区现存唯一的土王庙与宗祠相结合的摆手堂,亦是渝东南地区现存最大、保存最完好的摆手堂,是研究土家族原生文化的生存与变异轨迹的重要实物资料。

"爵主宫"因主要祭祀彭公爵主而得名。彭公爵主就是湘西溪州刺史彭士愁。彭士愁因于后晋天福五年(公元940年)与楚王马希范共立记事铜柱于会溪坪而著称于史,是当时湘西著名的土家族酋领,传说马希范给彭士愁封了爵位,所以,后人尊称他为彭公爵主,今酉水河流域的彭姓土家人均视他为开山老祖公。过去,一年一度的祭祀和摆手活动在此举行,因此,习惯上又把"爵主宫"称为"摆手堂"。

摆手堂主体建筑有前厅、正殿、供台、厢房、前后天井和侧门等,分左右两道正门,左边为"彭氏宗祠",供奉彭氏历代祖先;右边为"爵主宫",供奉"爵公爵主"。摆手堂外正门前是用青石板铺成的约200平米能容纳数百人跳摆手舞的长方形坝子,坝子的三周是雕刻精美的石护栏,石板上刻有麋鹿含花、喜鹊闹梅、凤穿牡丹和麒麟龙象等栩栩如生的景物以及彭公爵主来酉的经历和勉励后人尽忠尽孝的文字。2002年被命名为县级文物保护单位,2010年被命名为重庆市文物保护单位。

为什么重庆酉阳的土家人崇拜湘西的土王呢?原因之一是,酉阳自汉高祖五年(公元前202年)建县时就在酉水河下游今湖南省永顺县王村(即今芙蓉镇),属汉武陵郡辖县之一,史称下溪州,后辗转迁至今址。1962年《湖南省志·地理志》说酉阳县治在永顺县南部猛洞河与酉水河汇合处的王村,因位于酉水北岸而得名;并说酉阳县在湖南省境内辖永顺、古丈、龙山三县。这一史实表明酉阳与湘西有着不可分割的内在联系,被历史清晰地打上了"文化同构"的烙印;原因之二是,溪州地处酉水河下游,而酉阳的后溪、大溪则地处酉水河中游,借助酉水这条黄金水道,两地交往古已有之,故文化渗透与传承亦为必然;原因之三是,清同治《酉阳直隶州总志·地舆志·山川》载:"三峿山,在州东一百六十里后溪河上(即酉水河),三峰并峙,苍翠逼人,为大江里彭、白、田三姓祖山。土人言三姓之祖始入川时,各踞峰下以居……"。由此可见,彭、白、田(土家族大的宗姓)三姓之祖曾由于不可抗拒的原因而被迫迁徙，从酉水河下游逆流而上，到达了酉阳的后溪、大溪一带繁衍生息，随着三姓的迁徙，也势必将这一"土王崇拜"的文化形式带入酉阳地区。

曾经遍布酉阳全境的各种"三抚庙""土王庙""爵主宫"是土家人为纪念有德于民的土司王而修建的，也是土家人进行"土王崇拜"和"摆手祭祖"的主要场所，这种每年必须举行的祭祀活动在土家地区保存了相当长的时间，直到宗族制度的引入和强制"儒化教育"的实施，才从根本上动摇了它的根基并逐步取而代之。这一时期，新建的土家族强宗大姓的宗祠如雨后春笋，而作为土家原生文化载体的"三抚庙""土王庙""爵主宫"等古建筑却迅速消失，几乎丧失殆尽，在此前提下，后溪"爵主宫"（复合体）的出现就更具有特殊的意义，它既是一种民族文化的"残存"，更是一种生存与适应的变异。换言之，既适应了统治文化的整合，又顽强地保存了自己，这反映了土家文化的延续和发展的道路是十分曲折的。

"福石城中锦作窝，土王宫畔水生波；红灯万盏千人叠，一片缠绵摆手歌"。摆手堂最隆重的一项活动是跳摆手舞。每逢土家传统节日和村寨婚丧嫁娶及祭祀等重大活动，土家人都会在摆手堂外燃起熊熊篝火，齐跳摆手舞祭祖敬先、欢庆丰收、祈福安康。

举行"摆手"之前，摆手堂前方坝子正中立丈余高的"龙凤大旗"，同时在摆手堂的四周插上许多旗幡，祭祀队伍列队聚集，整装待命。

摆手堂内的供桌上，供奉着土家族祖先——彭公爵主、八部大王、田好汉、向大官人。台上盛放五谷杂粮、鸟兽鱼肉等贡品，样样俱全。

活动开始，锣鼓队敲锣打鼓，点燃三眼炮，由"梯玛"主持。先由梯玛念一段请神辞，举行与神灵沟通的仪式，伴随着锣鼓声、咒语的演唱，梯玛一声令下，祭祀队伍列队从四面八方涌入摆手堂，在摆手堂内穿梭祭拜。随后绕出摆手堂，来到摆手堂前的空地上，在长号、牛角声的召集下，摆手者在广场中聚齐围成圆圈，然后在富有韵律感的"咚咚喹、咚咚喹、咚喹、咚喹、咚咚喹"锣鼓声中分别向东南西北四个方向完成象征的祭祀动作。在优美而抒情的民歌"溜溜歌""送情郎""打雀歌""木叶情歌""麻杆点火"的伴奏下依次完成"单摆""双摆""回旋摆""螃蟹伸脚""抖跳蚤""岩鹰展翅"等舞蹈动作。

三、古老悬棺

从后溪场沿酉水而上不到500米，一个名叫"三门滩"处的悬崖绝壁之上，有三个呈方形洞口的巴人悬棺。悬棺，是中国南方古代少数民族的葬式之一，属崖葬中的一种。在悬崖上凿数孔钉以木桩，将棺置其上；或将棺木一头置于崖穴中，另一头架于绝壁所钉木桩上。人在崖下可见棺木，故名悬棺。

悬棺葬遍及川、黔、滇、湘、桂、粤、浙、赣、闽、皖、鄂等省，北方山西省也有此习俗，主要存在于福建武夷山地区和四川与云南交界的珙县、兴文、筠连、镇雄、威信等县。与珙县悬棺葬并存的还有崖画。山西太原北边的山上也有悬棺。

各地发现的悬棺葬，葬具与年代各不相同。福建武夷山地区的多系整木挖制的船形棺，属春秋战国之物。这一地区白崖悬棺的随葬品有龟状木盘及大麻、苎麻、丝、棉纺织品残片、残竹席等。四川珙县、兴文一带的多系整木挖制的长方形棺，其上为人字坡盖，属元、明时期之物。珙县洛表悬棺的随葬品以衣服为主，其上装饰繁缛，随葬的竹筷上写有汉字。

这种富有深厚文化涵容的悬棺葬式，存在着许多令今人无法解释的困惑之处。比如，远古时代的人们为什么要把沉重的棺木，送上高高的悬崖之上呢？又到底是用什么办法把装有尸体和随葬物品、重达数百公斤的棺木送进高高的崖洞里去的呢？

从前些年在巫峡口出土的"大溪文化"中，考古学家们推断：在新石器时代（大约距今4千至1万年），最早的巴人部落群，生活在长江三峡两岸的丛山中，当时主要以渔猎生活为主。所以在丧葬习俗中是多以"船棺"作为葬具，到了青铜器时代（距今3千至4千年）出现了把棺木送上高高的悬崖之上。通过对悬棺内遗骨考证，悬棺内所葬之人，一般都身材魁梧，配带利剑，可能是对巴人武士一种崇敬的安葬方式。现存列于"汉风神谷"陈列馆的在巫溪悬崖上洞圣中，取出的一具"船棺"，里面是一具巴人高大武士的遗骨和一些当时巴楚一带的陶罐、陶盆、青铜矛之类的陪葬品。

后溪巴人悬棺有力地证明了5000年前大溪文化进入夔门，酉水是大溪文化的第二条走廊。后溪的"三门滩悬棺"，在民国初期，曾有田、彭等姓氏几个穷困潦倒之人，从悬崖顶部吊绳放下一人冒死进入。发现一口腐烂的棺木中，有一具高大的骷髅，该人心惊肉跳，慌张地取出几枚古钱币和一把短剑（至今尚存后溪某先生处）浑身冷汗，被拖上了崖顶。从此，再也无人敢进去过。想象力十分丰富的后溪人将洞中的"武士"赋予了生命的神话：说洞中"武士"是济世的神仙。每遇荒年，人们只要化纸焚香，许下借粮度荒，秋后偿还的承诺，洞口就会流出白花花的大米，凡是借粮不守诚信者，再去借粮时，流进箩筐的就是些米糠了，可见后溪人自古就推崇诚信做人。

🔍 学一学

河湾山寨解说词

河湾山寨建于明洪武三年（1370年）。山寨依山临水而建，青山如黛，绿水逶迤，风景如画的酉水河流经此处，又有涓涓溪流汇集转形成一个大湾，故名河湾，成为独特的河湾景观。山寨建筑为吊脚楼，走马转角风貌独特，全寨共有吊脚楼324幢，因其山水生态优美、建筑典雅完美、民风古朴淳美，被誉为"中国重庆土家第一寨"。

我绝对相信，此行的很多朋友都是慕此名而来的。那么，我想给朋友们提个问题：这个"最美的土家村寨"是怎么得来的呢？

2006年年底，为了更好地保护酉阳土家族历史文化遗产，促进社会主义新农村建设，加快发展旅游支柱产业，推动山区人民脱贫致富，打造乡村民俗旅游，酉阳土家族苗族自治县在全县境内广泛地开展了"寻找酉阳最美的村寨"的评选活动。经过近一年时间的广泛评选，酉水河镇长潭村"河湾古寨"脱颖而出，跻身酉阳的第一批"最美的土家村寨"之列，并被酉阳县人民政府授予了"最美的土家村寨"的称号和牌匾。

走进古寨，放眼望去，是清一色的土家吊脚楼。

纯粹的全木建筑，传统的穿斗结构，宽敞明亮，通风向阳，独具特色。一座座山寨依山而建，风水特别讲究。山、寨、水相互交映，气候温暖、湿润，是绝佳的宜居之处。

行走古寨中，三横三纵青石道，交错相通达四方；鹅卵石梯坎百千，走出画中土家人。

寨前，翘檐斗拱伸酉水，绿水碧波映楼台。

寨中，古树百年参天起，掩映房屋浓荫中。

寨后，青山绿水涤红尘，鸟语花香逸性灵。

用重庆市作家协会的一位作家的话来说——真个是，吊脚楼隐隐，层次分明，排列有序、布局合理、雍容典雅、古色古香。水天一色，山水宜人，处处是景，美不胜收。好一派迷人的土家古寨风光！朋友们，您觉得呢？

最可贵的是，河湾山寨中至今还传承着土家先民遗传下来的原汁原味的民俗信仰、民族风情，人文底蕴特别厚重。寨中不仅有那古传原味的游冥、观花、跳神、敬牛神、做道场、还傩愿等巫文化，还有舞龙、舞狮、彩龙船等民间文艺。摆手节、祭祖节、过赶年、赛龙舟等民间活动至今从未间断。在这里，我们找到了土家文化的根与魂。丰富的民俗文化，以及酉水带来的煮鱼、饮酒等饮食文化，无不展示了河湾山寨600年的创业史和灿烂的土家文化。

河湾山寨非去不可。此情此景，焉能无诗？

就让我来为大家献上一阕"减字木兰花.酉水泛舟"，以助游兴。

轻舟碧水霓霞，

十里长潭土家。

此行船泊处，

直抵河湾寨下。

寨下，寨下，

风情如诗如画。

做一做

根据所学河湾山寨的相关知识，试着创作一篇有个性的导游词。

拓展训练

[实训名称] 河湾山寨介绍

[实训场地] 模拟导游实训室

[实训工具] 3D模拟软件、电脑、投影仪、笔纸

[实训内容] 模拟导游人员，对河湾山寨景区进行讲解

[实训评价] 实训评价表如表10-1所示

表10-1　　　　　　　　　　实训评价表

项目	分值	标准	自评	互评	师评	得分
仪容仪表	10	礼貌到位、精神饱满、妆容着装得体，符合导游职业规范要求				
普通话	20	普通话标准，语调自然，音量和语速适中，节奏合理				
语言表达	30	口齿清楚，语法正确，表达自然流畅；角度新颖，通俗易懂，生动幽默，富有感染力、亲和力，肢体语言得体				
内容合理	40	内容健康、完整、准确，重点突出，紧扣主题，与时俱进；结构合理，层次分明，详略得当，逻辑性强；文化内涵深厚，题材新颖				
总计	100					

参考文献

［1］乔广志，杨梅.酉阳旅游［M］.重庆:重庆出版社，2013.

［2］酉阳土家族苗族自治县教育委员会.武陵古州—酉阳［M］.成都:成都科技大学出版社，1993.

［3］于婧.苗族［M］.长春:吉林文史出版社，2010.

［4］百度百科.酉阳土家族苗族自治县［EB/OL］.https://rc.sru.baidu.com/r/vAwRN1DmQo?f=cp&u=67264139d0284611.

［5］《我们的酉阳》编委会.我们的酉阳［M］.重庆:重庆大学出版社，2012.

［6］360百科.土家族［EB/OL］.https://baike.so.com/doc/2657432-2806212.html.

［7］CN职场指南网.土家族风俗之宗教信仰［EB/OL］.https://www.cnrencai.com/others/social/396242.html.

［8］360问答.土家族习俗禁忌［EB/OL］.https://wenda.so.com/q/1408164293726844.

［9］360百科.土家族哭嫁［EB/OL］.https://baike.so.com/doc/6751012-6965571.html.

［10］360百科.石泉古苗寨［EB/OL］.https://baike.so.com/doc/7852496-8126591.html.

［11］出国留学网.苗族文化介绍［EB/OL］.https://www.liuxue86.com/k.

［12］360问答.请问苗族结婚的习俗是什么［EB/OL］.https://wenda.so.com/q/1462773128724295.

［13］湖南省人民政府门户网站.苗族殡葬习俗［EB/OL］.http://www.hunan.gov.cn/jxxx/hxwh/gms/201711/t20171111_4685327.html.

［14］360百科.苗族［EB/OL］.https://baike.so.com/doc/2658654-2807504.html.

［15］360百科.苗绣［EB/OL］.https://baike.so.com/doc/5708349-5921070.html.

［16］起名网.苗族的传统节日与风俗习惯［EB/OL］.https://www.yw11.com/jierixisu2015/0813/10413.html.

［17］邹明星.酉阳人文［M］.成都:巴蜀书社，2015.

［18］彭清玉.话说酉阳［M］.重庆：重庆大学出版社，2015.

［19］王继.巴渝古镇：后溪［M］.重庆：重庆出版社，2003.

［20］彭开福.酉水土家文化［M］.酉阳：酉阳复兴印务有限公司印刷，2013.

［21］酉阳土家族苗族自治县人民政府网.历史沿革［EB/OL］.http://youyang.gov.cn/zjyy/lsyg/202001/t20200110_4506888.html.

［22］酉阳新闻网.酉阳的抗战［EB/OL］.http://www.yyxww.net/zl/yykz/.

［23］快懂百科.酉阳精神［EB/OL］.https://m.baike.com/wiki/%E9%85%89%E9%98%B3%E7%B2%BE%E7%A5%9E/7334543?search_id=20210912152217010150039094337 8FC74&baike_source=baike_hudong_structure_new.

［24］快懂百科.赵世炎烈士纪念馆［EB/OL］.https://m.baike.com/wiki/%E8%B5 %B5%E4%B8%96%E7%82%8E%E7%83%88%E5%A3%AB%E7%BA%AA%E5%BF% B5%E9%A6%86/20298865?searchId=20211030182404010212185165405641 38&baike_source=baike_hudong_structure_new.

［25］上游新闻.重庆珍档丨他称赵世炎为舅父，故居也在酉阳［EB/OL］.https://www.cqcb.com/hot/2019-08-23/1818544.html.

［26］博雅旅游网.红三军大坝场战斗遗址［EB/OL］.http://wap.bytravel.cn/Landscape/102/hongsanjundabachangzhandouyizhi.html.

［27］博雅旅游网.南腰界会师大会纪念亭［EB/OL］.http://wap.bytravel.cn/landscape/102/nanyaojiehuishidahuijinianting.html.

［28］快懂百科.乌江［EB/OL］.https://m.baike.com/wiki/%E4%B9%8C%E6%B1%9F/ 19315342?searchId=20211030184012010212046101 1054D53E&ab_tag=baike_video_all&baike_source=baike_hudong_structure_new.

［29］新华网.这条千年"油盐古道"，叫乌江，为何还曾被称为"污江"［EB/OL］.http://m.xinhuanet.com/gz/2021-02/06/c_1127071793.htm.

［30］快懂百科.酉水［EB/OL］.https://m.baike.com/wiki/%E9%85%89%E6%B0%B4/ 20918334?searchId=20211030184308010212 1931531D5513DF&baike_source=baike_ hudong_structure_new.

［31］酉阳新闻网.行走酉水河［EB/OL］.http://www.yyxww.net/zt/xingzouyoushuihe/.

［32］新浪网.清代摆手舞祠堂将被淹(图)［EB/OL］.http://news.sina.com.cn/o/2006-10-31/081410366746s.shtml?from=wap.

［33］今日头条.酉水船工号子［EB/OL］.https://m.toutiao.com/i6963520483467870728/? traffic_source=CS1114&in_ogs=1&utm_source=HW&source=search_tab&utm_medium=wap_ search&prevent_activate=1&original_source=1&in_tfs=HW&channel=.